PASSEPORT AU PLAISIR 4

Plein de Vie

MORGAN KENNEY

Dieter Euler

David Gallagher

Soeur M. Gallagher, s.c.

Petra Kenney

D.C. Heath Canada Ltd.

Acknowledgements

Design/MKLP

Cover Art/Graham Bardell

Illustrations/Graham Bardell, Colin Gillies, Nola McConnan

Manuscript Coordinator/Petra Kenney

Editors/Karen Linnett, J.A. d'Oliveira

Photographs on the pages indicated were supplied by: page 22 left, Ken Straiton/Miller Services; page 22 right, Victor Last; page 23 left, ©Charles Weckler/The Image Bank Canada; page 23 right, G. Zimbel/Miller Services; page 33, Opus/Miller Services; page 36, Black Creek Pioneer Village; page 61 top left, H. Armstrong Roberts, Inc./Miller Services; page 61 top centre, Higuchi/Miller Services; page 61 top right, Don Klumpp/The Image Bank Canada; page 61 bottom right, Miller Services; page 61 bottom centre, Steve Krongard/The Image Bank Canada; page 61 bottom left, Johnson/Miller Services; page 62 top left, The Image Bank Canada; page 62 bottom left, Robin White; page 62 right, F. Hidalgo/The Image Bank Canada; page 64, Guido Alberto Rossi/The Image Bank Canada; page 69 left, Camerique/Miller Services; page 69 top right, F. Dardelet/The Image Bank Canada; page 69 bottom right, FPG/Miller Services; pages 70-71, The Bettmann Archive, Inc.

Canadian Cataloguing in Publication Data

Main entry under title:

Passeport au plaisir

For English-speaking students of French at the intermediate level.
Contents: 3. Petits voyages – 4. Plein de vie.
ISBN 0-669-00838-9 (v. 3.) ISBN 0-669-00839-7 (v. 4.)

1. French language – Readers. 2. French language – Text-books for non-French-speaking students – English.* I. Kenney, Morgan, 1926-   . II. Atlas, Rachel.

PC2113.P38   448.6′421   C80-3872-X

Printed in Canada
ISBN 0-669-00839-7

Table des Matières

4

je me demande...
et je me dis...

par Soeur M. Gallagher, s.c.

Il se réveille tôt.   (admirable!)
Elle se lève tout de suite. (énergique?)
Il se lève tard.   (quelle chance!)
Elle ne se lève pas.   (paresseuse?)
Il ne se rase pas.   (le Père Noël?)

tôt   early

paresseuse   lazy

Elle s'habille à la mode.   (chic!)

Il se lave à l'eau froide.   (robuste!)
Elle se brosse les dents
après chaque repas.   (la fille du dentiste?)

Il se maquille.   (acteur?)

Elle s'arrête de manger
des bonbons.   (disciplinée!)
Il se couche tôt!   (pas de bonnes émissions?)
Elle s'écoute.   (intéressante?)
Il se trompe.   (idiot!)
Elle se demande.   (curieuse!)
Il se dépêche.   (en retard?)

Elle s'amuse.   (contente?)

Il se regarde.   (vaniteux!)   vaniteux   vain
Elle s'entend avec   s'entend   gets along
tout le monde.   (sympathique?)
Il s'aime.   (aimable? ou pas d'amis?)
Elle se déteste.   (détestable? ou pas d'ennemis?)

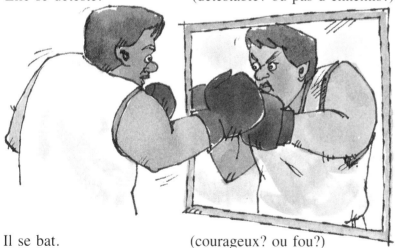

Il se bat.   (courageux? ou fou?)   se bat   hits himself

Elle se fâche.   (attention!)
Il se parle.   (dangereux)
Elle se défend.   (brave!)
Il se mange.   (un cannibale étrange!!!)

Fidèle

par Dieter Euler

C'est l'automne et je passe la fin de semaine à mon chalet.
L'automne est très beau cette année. Il fait du soleil. Les
feuilles sont de toutes sortes de couleurs. Le lac est calme;

le chalet   cottage

la feuille   leaf

l'eau, bleue. Il n'y a pas de vent. Bref, c'est un jour parfait
pour faire la chasse, si vous aimez tuer les animaux.

Je suis devant mon chalet quand j'entends: ''Au secours!
Pierre! Au secours!''

Je regarde dans la direction du sentier. C'est Martin,
mon voisin infirme qui a de la difficulté à marcher. Il a
cinquante ans. Il est bon et gentil.

— Aide-moi, aide-moi, s'il te plaît. Fidèle est dans un
piège et je n'ai pas la force de la libérer.

Il est très bouleversé.

— Martin, dis-je, calme-toi. Qu'est-ce qui se passe?

— Fidèle . . . Fidèle est dans un piège. Elle est
blessée . . .

Je dois admettre que je déteste les chiens, tous les chiens,
et Fidèle est une grosse chienne féroce. Mais ce pauvre
Martin est si bouleversé . . .

— Vite . . . dans le camion.

Je prends mes outils et nous voilà en route. Je lui pose
beaucoup de questions et Martin me raconte l'histoire.

— Nous voilà dans la forêt. Soudain il y a un bruit, un
cri. Fidèle est suspendue en l'air, un fil autour du corps. Le

la chasse   hunting
tuer   to kill
Au secours!   Help!

le sentier   path
le voisin   neighbour

le piège   trap
bouleversé   upset
se passe   is going on

blessé   hurt

le camion   truck

un outil   tool
pose   ask
raconte   tells
la forêt   forest
le fil   wire

fil est attaché à une branche. Je n'ai pas la force de la libérer. Je ne peux pas couper le fil.

Soudain il s'écrie:

— Voilà l'arbre! Voilà Fidèle! Là-bas!

Nous descendons du camion et marchons vite vers la chienne. Quel gros animal! Elle montre les dents et ses yeux sont sauvages. J'hésite.

autour   around
couper   cut

— Martin?

— J'arrive.

Il va directement à la chienne. Il lui parle doucement. Il prend une corde et lie la gueule de la chienne. Puis il prend la tête de Fidèle dans ses bras et il l'embrasse. Il me regarde.

doucement   gently
lie   ties
la gueule
 (animal's) mouth
embrasse   kisses

— S'il te plaît, aide-moi. Aide Fidèle. C'est tout ce qui me reste de famille. Elle est vraiment gentille. Elle a l'air féroce parce qu'elle a mal.

vraiment   really
a mal   is in pain

Les yeux de Martin m'implorent; les grands yeux bruns et tristes de la chienne aussi.

triste   sad

Je prends mes pinces et je m'approche de l'animal. Je vois clairement la peur dans ses yeux. Martin parle à Fidèle. Il la caresse. Pendant ce temps, moi, j'essaie de couper le fil. Impossible! Le fil est très fort. J'essaie encore une fois. Je serre de toutes mes forces . . . et enfin la chienne est libérée!

les pinces (f)   pliers

essaie de   try to

serre   squeeze

Martin embrasse Fidèle. Il pleure de joie. Fidèle me regarde. Je ne comprends pas l'expression dans ses yeux. Je ne sais pas si j'ai peur d'elle.

pleure   is crying

8

— Merci, merci beaucoup, Pierre, répète Martin.

Je recule lentement. Je regarde la chienne; elle me
regarde. Nous montons tous les trois dans le camion et je
conduis Martin et Fidèle chez eux. Puis je retourne chez
moi.

Voilà comment j'ai fait la connaissance de Fidèle.
Dimanche, je rentre en ville.

*   *   *

Deux mois plus tard, c'est les vacances de Noël. Je vais
passer quelques jours au chalet. L'hiver est fantastique: il
fait froid, il neige beaucoup, tout est blanc, tout est calme.
C'est très beau.

Arrivé au chalet, je fais un feu, je prends un bon livre et
je m'installe devant la cheminée. Tout est tranquille. La
neige tombe doucement. Il commence à faire noir.

Tout à coup un chien aboie tout près. Je me lève et je
regarde par la fenêtre. Il fait noir maintenant, mais je
distingue un gros animal. C'est un chien! Moi, qui déteste
les chiens! Soudain je vois une autre forme.

— Joyeux Noël! Joyeux Noël, dit Martin.

Ah! C'est Martin et Fidèle. J'ouvre la porte.

— Merci, Martin. Joyeux Noël à toi aussi. Entre.

— Reste là, Fidèle. Reste sur la véranda, dit Martin.

Fidèle me regarde. Elle n'aboie plus. Elle agite la queue.
Son regard est profond. Pour une chienne, Fidèle est
presque belle, mais je n'aime vraiment pas les chiens.

Martin et moi, nous nous asseyons devant la cheminée et
nous parlons. Je trouve que Martin est très gentil. Je l'aime
bien et je commence à comprendre combien il aime Fidèle.
Il me dit combien il m'est reconnaissant de l'avoir sauvée.
Il me raconte que Fidèle vient tous les jours au chalet voir
si j'y suis. Ce soir, elle est vraiment heureuse de m'y
trouver. J'en suis heureux, mais ça ne change pas mon
opinion des chiens.

Martin et Fidèle partent. Un peu plus tard, j'entends un
bruit à la porte: c'est Fidèle. Elle est seule. Elle me regarde
avec ses grands yeux. Elle agite la queue. Elle n'aboie pas.

Je la regarde un moment, puis je referme la porte. Je
pense qu'elle va bientôt retourner chez Martin.

---

recule   back away

conduis   drive

fait la connaissance
   got to know

le feu   fire
la cheminée   fireplace
tombe   falls
faire noir   get dark

tout à coup   suddenly
aboie   barks
tout près   quite close

agite la queue
   wags her tail

nous asseyons
   sit down

reconnaissant   grateful
de l'avoir sauvée
   for having saved her
heureuse   happy

A ma grande surprise, elle est toujours là le matin, recouverte de neige.

recouvert   covered

— Fidèle, tu n'as pas froid?

Je lui donne des saucisses que je prépare pour mon petit déjeuner.

la saucisse   sausage

*   *   *

C'est un beau jour de printemps. Les feuilles sont vertes; l'air est chaud; les premières fleurs sont très belles; les animaux se réveillent: bref, la nature reprend vie! Après un long hiver, oh! que le printemps est beau!

— Bonjour, Martin. Comment va Fidèle?

— Bien, merci. Et toi?

— Bien, merci. Quoi de neuf?

Quoi de neuf?
  What's new?

Et nous causons. Fidèle reste là. Elle me regarde. Je commence à la caresser un peu. Elle ferme les yeux de plaisir. Oui, Fidèle est belle. Elle semble m'obéir quand je dis ''Non!'' ou ''Viens!'' ou ''Assieds-toi!''

causons   chat

obéir   to obey

Bientôt elle passe toutes ses nuits sur ma véranda. Elle ne part plus quand je suis au chalet.

Je n'aime pas les chiens, mais Fidèle n'est pas comme les autres. Je lui apporte des os. Je lui donne du fromage, de la viande. Nous sommes bientôt de bons amis.

un os   bone
le fromage   cheese
la viande   meat
fais une promenade
  go for a walk
à côté de   beside
me relever   get up

Un jour, je fais une petite promenade, avec Fidèle à côté de moi. Tout à coup elle aboie et m'attaque! Elle est si grosse et si forte que je tombe. Je la regarde, terrifié. Elle est sur moi. Je ne peux pas me relever.

Fidèle regarde quelque chose. Je lève la tête et vois une famille de moufettes qui passe tout près de nous.

la moufette skunk

Le danger passé, Fidèle se retire et je peux me relever. J'embrasse Fidèle.

— Merci, Fidèle. Merci. Tu as sauvé ma vie!

Et soudain, je comprends pourquoi Fidèle est toujours près de moi . . .

*   *   *

L'été arrive! Bravo! C'est les vacances; c'est la plage; c'est les barbecues; c'est le soleil! Et c'est Fidèle qui m'attend au chalet!

Elle est toujours avec moi. Elle vient à la pêche en bateau; elle mange avec moi; elle a sa place devant la cheminée. Quand je lis, elle est à mes pieds. Elle me regarde avec ses grands yeux bruns, tendres et doux.

la pêche fishing
le bateau boat
lis   am reading
doux gentle

Un jour je dis à Martin:

— Je regrette que Fidèle passe tout son temps ici, mais ce n'est pas de ma faute.

— Ça ne fait rien, répond Martin. Cela me fait plaisir.

Quand je suis au chalet, Fidèle est un membre de ma famille. Martin l'appelle ''la touriste,'' parce qu'elle n'est jamais chez lui.

*   *   *

L'automne arrive, et, avec lui, l'anniversaire de l'accident de Fidèle. Elle le sait. Quand j'arrive au chalet, elle est là. Elle m'attend. Nous prenons le goûter ensemble.

le goûter snack
ensemble together

Ah, que j'aime la regarder quand elle est heureuse! Elle agite la queue, ses yeux sont brillants, et elle aboie de joie.

         *   *   *

A Noël, je lui apporte un cadeau: un collier avec une médaille avec son nom et le numéro de téléphone de Martin.

le collier collar
la médaille tag

Nous passons un très beau Noël.

         *   *   *

Un soir de février, le téléphone sonne. C'est Martin. Il semble troublé.

sonne rings

— N'apporte pas de viande pour Fidèle. Elle n'est pas ici.

apporte bring

— Quoi! Pas là?! Mais où est-elle?

— Je ne sais pas. Elle a disparu.

disparu disappeared

Il pleure. Il ne peut pas continuer.

Cette fin de semaine, je vais à mon chalet, troublé.

Silence absolu. Il n'y a pas de Fidèle. Elle ne vient pas.

C'est Martin qui vient me voir. Il semble plus vieux que ses cinquante ans.

— Je ne sais pas, dit-il. Une nuit, elle ne revient pas. Je ne sais pas si c'est un accident, si elle est kidnappée, ou si elle est dans un piège. C'est terrible!

Nous restons là sans parler. Le chalet semble vide, triste, silencieux.

vide empty

Le lendemain, nous partons en camion. Au village, nous posons des questions.

le lendemain
   the next day

— Non, je regrette.

— Désolé.

désolé sorry

— Non, rien.

— C'est dommage.

Nous continuons à poser des questions dans la campagne. Nous montrons des photos. Nous laissons le numéro de téléphone.

Une fin de semaine, vers la fin de l'hiver, après une tempête de neige, un garçon du village vient me voir.

la tempête storm

— On parle d'une grosse chienne trouvée de l'autre côté du village, près de la ferme de M. Thomson, dit-il. C'est une femelle avec trois petits.

la ferme   farm

Je pars immédiatement pour la ferme de M. Thomson. Le garçon est avec moi. En route, je le questionne. On dit que la chienne est très malade.

Nous arrivons chez M. Thomson.

— Oui, une grosse chienne, belle, les yeux tendres . . . mais elle est morte.

est mort   died

— Morte? Fidèle est morte?

— Voulez-vous voir les petits? demande M. Thomson.

— Oui . . . oui.

Je les regarde. Non, ce ne sont pas les petits de Fidèle. Mais je n'en suis pas sûr. Ce ne sont pas ses couleurs . . . et puis non, vraiment, ils ne ressemblent pas à Fidèle. Je ne sais pas si j'en suis triste ou heureux. Je remercie le monsieur et je rentre.

remercie   thank

*   *   *

Le printemps est triste cette année. Les oiseaux chantent tristement; la nature semble sombre; le vert des feuilles et de l'herbe est terne.

l'herbe (f)   grass
terne   dull

Il n'y a pas de Fidèle.

Au commencement de mai, le même garçon du village arrive à ma porte. Il a quelque chose à la main.

C'est un collier, un collier avec une médaille et sur la médaille le nom de Fidèle et le numéro de téléphone de Martin.

— M. Thomson l'a trouvé après la fonte des neiges, dit-il simplement, et il regarde ses pieds.

a trouvé   found
la fonte   melting

La Décision

par David Gallagher

Roch sait qu'il doit se lever, mais il ne veut pas. Il reste au
lit et écoute l'annonceur à la radio.

''Salut, mes amis. C'est aujourd'hui le vendredi 11 mai.
Il fait beau et le soleil brille dans le ciel. Alors, pas
d'excuses. Vous devez vous lever tout de suite et partir
pour les classes ou pour le travail. Pour vous aider à vous
lever, voici le nouveau succès de Paul Vartan: ''Donnez-
moi encore une bière.''

— Ça va! Ça va! Je me lève tout de suite.

Roch entre dans la salle de bain où il se rase et se lave,
puis il retourne dans sa chambre. Il s'habille, se regarde
vite dans le miroir, oui, ça va, et il descend dans la cuisine.

— Bonne fête, Roch, dit sa mère.

— Merci, Maman. Il fait beau, hein?

— Oui. C'est une belle journée pour ta fête. Eh bien, tu
as 18 ans aujourd'hui. Tu as tous les droits d'un adulte —
et toutes les responsabilités.

A ce moment M. Lasalle entre dans la cuisine.

— Bonne fête, mon fils.

— Merci, Papa.

— Il y a une surprise pour toi dans la rue, Roch,
continue son père. Tes grands-parents sont très fiers de ton
succès à l'école et aux sports, et ils veulent te donner . . .
eh bien, regarde dans la rue.

Roch va à la fenêtre et regarde dans la rue. Il voit l'auto
de ses grands-parents.

— C'est un cadeau de fête de tes grands-parents, dit son
père.

— Mais Papa, c'est impossible! Ils ne peuvent pas . . .

— Un moment, Roch, interrompt son père. Laisse-moi
t'expliquer. Tes grands-parents ont vraiment besoin d'une
nouvelle auto. Ils savent que tu vas à l'université l'année
prochaine et que tu vas avoir besoin d'une auto pour revenir

brille   is shining
le ciel   sky

la fête   birthday

le droit   right

fier   proud

interrompt   interrupts

14

chez nous la fin de semaine. Alors ils sont très contents de te donner cette voiture, et ta mère et moi, nous pensons que c'est une bonne idée aussi.

la fin de semaine
on weekends

— C'est formidable! Une auto! Je vais leur téléphoner tout de suite.

— Un moment, Roch, dit sa mère. Papa et moi voulons te donner notre cadeau.

Elle lui donne une carte.

Roch l'ouvre et la regarde stupéfait.

stupéfait   stunned

— Maman! Papa! Alors là, vous me gâtez. L'assurance-auto pour un an! Quelle bonne idée! Je vais téléphoner maintenant à Grand-père et à Grand-mère, et puis à Nathalie. Elle va être surprise.

gâtez   spoil

Roch se précipite sur le téléphone.

se précipite   rushes

— Roch est un bon fils, Madeleine. Ses profs m'assurent qu'il va réussir à l'université.

réussir   succeed

— Oui, il travaille dur.

dur   hard

— Et c'est un athlète formidable. Jacques me dit qu'il est superbe joueur de football et de tennis, peut-être même professionnel, dit M. Lasalle d'un ton fier.

— Et il a beaucoup de copains. Tous ses amis vont à la surprise-party que Nathalie organise pour lui ce soir.

le copain pal

— Et il a une bonne personnalité comme son père, dit M. Lasalle en souriant.

en souriant smiling

— Et il est intelligent comme sa mère, ajoute Mme Lasalle en riant.

en riant laughing

Plus tard, comme Roch sort de la maison pour aller à l'école, il voit Denis, le petit garçon de leurs voisins, les Morin.

le voisin neighbour

— Salut, Denis! Ça va ce matin?

— Oui, Roch. Tu veux jouer au football avec moi?

— Merci, mon vieux, mais je n'ai pas le temps. Je vais chercher Nathalie dans ma nouvelle auto. Regarde!

— C'est ta voiture? Sans blague?

Sans blague?
No kidding!
soulève lifts up

— Oui. Qu'est-ce que tu en penses?
Roch soulève Denis qui inspecte l'auto sérieusement.

— Elle est fantastique, Roch. Est-ce que je peux la conduire?

en of it
conduire drive

— Bien sûr! Dans ton imagination. Monte dans l'auto. Nous pouvons faire un petit tour dans le quartier.

le tour drive

Denis commence à monter dans l'auto quand M. Morin arrive.

— Hé! Denis! Qu'est-ce que tu fais?
Roch se retourne.

— Bonjour, M. Morin. Ça va?

— Oui, bien, merci, Roch. Mais Denis et moi, nous sommes en retard pour son école. Viens, Denis! Vite! C'est ta voiture, Roch?

— Oui. C'est un cadeau de mes grands-parents pour mon anniversaire.

— Quel cadeau, Roch! Je suis content pour toi. Tu le mérites. Tu es un bon gars. Bon anniversaire.

mérites deserve
le gars guy

— Merci, M. Morin.

— Eh bien, Denis. On part!

A l'école, quand ses amis voient la voiture, ils veulent faire un tour. On parle des voyages qu'on peut faire en été et des concerts où on peut aller.

Quand Nathalie et Roch sont seuls, Nathalie demande:

— Roch, peux-tu me conduire chez Hélène ce soir? Elle veut voir la robe que je vais porter pour aller au restaurant avec toi ce soir.

— Au restaurant? Avec moi? Ce soir?

— Oui. J'ai une réservation chez "Le Petit Gourmet" pour sept heures et demie. C'est pour fêter ton anniversaire.

— Mais Nathalie, ça coûte cher.

— Roch! J'ai l'argent. Mais Hélène veut voir ma robe. Veux-tu me chercher chez moi à sept heures?

— D'ac.

— Bon. Alors, à tout à l'heure.

A ce moment Michel arrive.

— Salut, Roch. Qu'est-ce que tu vas faire ce soir pour fêter ton anniversaire? demande-t-il.

— Nathalie a une réservation chez "Le Petit Gourmet" et après ça, un film peut-être.

Michel sourit. Il sait que tout le monde va chez Hélène ce soir pour fêter l'anniversaire de Roch, mais il dit:

— Super! Amuse-toi bien.

Après les classes, quand Roch rentre, il rencontre Denis qui joue tout seul.

— Hé, Roch. Je vais chez McDonald avec mon père. C'est le meilleur restaurant. Tu veux venir?

— Merci, Denis. Mais je sors avec Nathalie. Mais toi, tu as de la chance. Moi aussi, j'aime McDonald. Eh! Tu veux jouer au football dix minutes?

— Bien sûr, Roch! Je veux être un bon joueur comme toi.

A sept heures, pendant que Nathalie finit de s'habiller et de se maquiller, Roch parle avec le père de Nathalie. Il parle de ses études, de l'université et du grand match de tennis à la télé. Quand Nathalie descend, les deux disent bonsoir aux parents de Nathalie et ils partent pour la maison d'Hélène.

Quand ils y arrivent, Roch veut rester dans l'auto, mais Nathalie lui dit:

— Hélène veut te voir aussi, Roch. Viens vite. Nous ne voulons pas arriver en retard au restaurant.

fêter   celebrate

ça coûte cher
   that's expensive

d'ac   O.K.

A tout à l'heure.
   See you soon.

rencontre   meets

Quand Hélène ouvre la porte, quelle surprise pour Roch!
Tout le monde crie: ''Bonne fête, Roch.'' Puis la party
commence. On danse; on chante; on bavarde; on mange   bavarde   chat
et on boit. Roch s'amuse bien. Pendant la party André   boit   drink
s'approche de Roch.

— Eh, Roch, tu veux une bière?

— Non, pas ce soir. J'ai mon auto.

— Mais Roch, c'est ton anniversaire et c'est ta party!

— Non, André. Merci.

— Mais Roch, il n'est pas tard. Dans deux ou trois
heures on va manger et tu peux avoir du café à cette heure-
là.

— Hé, André. Quand je dis non, c'est non!

— Allons, mon vieux! Un peu de bière ne va pas te faire   faire de mal   hurt
de mal.

— Ça va! Ça va! Donne-moi un peu de bière et des chips
aussi.

— Bonne fête, Roch.

— Merci, André.

A minuit Nathalie dit à Roch qu'elle veut rentrer.

— Il est tard, Roch. Mon père va être fâché.

fâché angry

— Ça va, Nathalie, mon pepit . . . petit ch-chou.

— Roch, tu vas bien? Tu parles drôlement.

drôlement funny

— J-je vais bien. Pourquoi pas? Ch-j'ai bu quelques
bières pour fêter mon anni . . . anniversaire, mais c'est
. . . c'est tout.

ai bu drank

— Oh, Roch. D'habitude tu ne bois pas.

d'habitude usually

— Mais c'est mon anniversaire, Nacha . . . Nathalie. Et
mes amis sont ichi . . . ici pour fêter ça. Je ne peux pas les
déche . . . décevoir. Après tout, je suis un adulte et quatre
bières, ce n'est pas beaucoup.

décevoir disappoint

— Oh, Roch! Quatre bières? . . . toi? . . . ce soir? Roch,
tu ne peux pas conduire. Donne-moi les clefs. Je vais
conduire, moi.

la clef key

— Non. C'est ma v-voiture. Je peux conduire.

— Tu es sûr? Mais écoute, Roch. Je vais téléphoner à
mon père. Il peut venir nous chercher.

— Non. Rien à faire. Alors, tu viens avec moi?

Rien à faire.
  Nothing doing.

— Non, Roch. Je vais téléphoner à mon père. Tu n'es
pas en état de conduire. Viens avec moi.

l'état (m) condition

— Non. Ton p-père ne va pas me con-conduire chez moi.

Quand Nathalie téléphone chez elle, personne ne répond.
Ses parents ne sont pas encore rentrés. Elle retrouve Roch
et lui demande de la conduire à la maison. Roch ne veut
pas partir et il est mécontent; mais il le fait.

personne ne no one

mécontent annoyed

Roch conduit lentement. Il s'arrête à un feu rouge et
regarde autour de lui. Il a peur de rencontrer un agent de
police. Il sait qu'il ne voit pas bien. Il sait que ses idées
sont confuses. Pour ces raisons il ne parle pas à Nathalie,
mais il se parle à lui-même.

le feu light
autour de around

Ouf! Je ne me sens pas bien. Je pense que je vais être
malade.

me sens feel

Nathalie est vraiment fâchée. Mes parents vont être
déçus. Je suis vraiment un idiot de conduire. Ah,
heureusement, voilà la rue de Nathalie. Mais cette
auto . . . d'où est-elle venue? . . . sur le mauvais côté du
chemin!!

déçu disappointed

venu come
le mauvais côté
  the wrong side

— Roch! Attention! Oh, Roch!!! crie Nathalie.
Roch appuie sur la pédale, mais son pied glisse et son auto
se heurte avec violence contre l'autre voiture.

L'ambulance arrive et conduit les deux blessés à
l'hôpital.

*   *   *

Le juge demande le silence. Roch regarde autour de la
salle du tribunal. Voilà ses parents, ses grands-parents.
Et voilà les parents de Nathalie. Roch voit la douleur et
la haine à leur visage. Ils demandent la justice pour la
stupidité de Roch, stupidité qui a coûté cher — le bras droit
de Nathalie.

Depuis l'accident Roch ne s'intéresse à rien. Il ne veut
plus ni travailler, ni aller à l'université, ni jouer aux sports.
Il refuse de voir ses amis.

Il passe toute la journée seul dans sa chambre. Le
docteur recommande à ses parents que Roch aille voir un
psychologue, mais Roch refuse. Il pense sans cesse à cette
nuit et à Nathalie. "Ses parents ont raison de demander la
justice," pense-t-il. Roch a grande honte et il a peur de ce
que le juge va dire.

Encore une fois le juge demande le silence et il tourne
vers Roch.

— Roch Lasalle, le jury vous trouve coupable, coupable
d'une action stupide qui a mutilé une jeune fille. Vous
savez à quel âge on peut boire et vous savez aussi qu'un
adulte qui conduit a des responsabilités. Il est vraiment
tragique que cet accident ait ruiné votre vie, mais vous êtes
coupable d'avoir blessé une innocente et voici ma
décision . . .

*   *   *

Et vous, quelle punition est-ce que vous donneriez à
Roch pour son crime? Justifiez votre décision.

appuie   presses
glisse   slips
se heurte   crashes
le blessé
   injured person

la douleur   grief
la haine   hatred
coûté cher   cost dearly

ni . . . ni
   neither . . . nor

aille   go
sans cesse   endlessly

la honte   shame

ait   has
avoir blessé
   having harmed

donneriez   would give

Le Quatorze Juillet

par Petra Kenney

Susan et Louise Brownlee sont des jumelles. Elles habitent une petite ville au sud-ouest de l'Ontario. L'année prochaine sera leur dernière année à l'école secondaire.

    Les jeunes filles se ressemblent. Elles sont grandes, jolies et ont les cheveux bruns et courts. D'habitude elles s'habillent de la même manière. Susan est tranquille et assez timide. Elle aime être seule; elle aime passer des heures à lire. Louise, par contraste, est gaie et animée. Elle aime passer son temps avec sa bande d'amis. On s'amuse; on rit beaucoup. Elle aime passer tout son temps avec sa bande parce qu'elle aime bavarder!

    Susan a de bonnes notes aux examens de français, mais elle est trop timide pour répondre ou pour parler en classe. Louise a de mauvaises notes aux examens, mais les profs l'accueillent dans leurs classes parce qu'elle bavarde autant en français qu'en anglais, même si son français n'est pas toujours correct. Elle s'amuse bien quand elle parle français. Elle aime bavarder!

    Louise a une correspondante à Paris qui s'appelle Françoise. Elles s'écrivent régulièrement l'une à l'autre, Françoise en anglais et Louise en français, même si la qualité de l'anglais et du français n'est pas excellente!

    Un jour les parents de Susan et de Louise reçoivent une lettre de Mme Blanchard, la mère de Françoise. Dans la lettre Mme Blanchard invite Susan et Louise à venir en France leur rendre visite. Mme Blanchard les invite à passer une partie de leurs vacances avec toute la famille Blanchard. Les Brownlee apprécient bien cette gentille invitation et ils l'acceptent. On commence à faire les préparatifs du voyage.

    Le jeudi 13 juillet, Susan et Louise arrivent à l'aéroport Charles de Gaulle à Paris. Elles sont fatiguées après le long voyage, mais aussi très émues. Dans l'aéroport elles sont déroutées par les foules de gens, les enseignes, le bruit et le français qu'on parle très, très, très vite! Elles montrent leur passeport aux agents de l'immigration et puis suivent les

---

la jumelle   twin

sera   will be

court   short
la manière   way

bavarder   to chat

la note   mark

accueillent   welcome
autant   as much

reçoivent   receive

rendre visite   to visit

ému   excited
dérouté   confused
l'enseigne (f)   sign
suivent   follow

enseignes qui indiquent BAGAGES.

Tous les passagers attendent leurs bagages. Une petite dame bien habillée pousse Susan à l'écart pour saisir sa valise qui arrive à ce moment; un monsieur distingué marche sur le pied de Louise en essayant de saisir sa valise. Les deux jeunes filles attendent. Bientôt le carrousel est vide et elles attendent toujours. Elles se regardent. Elles n'ont que les vêtements qu'elles portent; tous les autres sont dans les valises perdues.

Susan demande à Louise d'aller trouver quelqu'un . . . de lui dire que leurs bagages ne sont pas là . . . de demander ce qu'il faut faire.

Louise trouve un porteur.

— Pardon, monsieur. Nous sommes des Canadiennes. Les bagages . . . les bagages ne sont là.

— Ah! Vous ne trouvez pas vos bagages. Venez avec moi.

Les jeunes filles décrivent leurs deux valises et donnent les numéros de leurs bulletins. Elles laissent aussi l'adresse des Blanchard.

Puis, assez malheureuses, elles vont chercher Françoise et son père. Louise et Susan ont une photo de Françoise et Françoise a une photo de Susan et de Louise. Mais il y a tant de gens! de confusion! de bruit!

Soudain Louise voit un homme qui tient un drapeau canadien. A côté de lui, c'est Françoise. Louise la reconnaît.

Louise, Françoise et Susan s'embrassent. M. Blanchard, qui est grand et beau, donne la main à Louise et à Susan.

— Bienvenue à Paris! dit-il.

— Quel plaisir de vous voir! s'exclame Françoise.

— Comment allez-vous? demande M. Blanchard.

— Comment était le voyage? demande Françoise.

— Mais où sont vos bagages? demande M. Blanchard à Susan.

— Je . . . je . . . suis, commence Susan. Puis elle baisse les yeux, se tourne vers Louise et la regarde des yeux implorants.

— Nous sommes bonnes, merci, dit Louise. Le voyage magnifique, mais les valises perdues, nous n'avons

vêtements, l'homme dit valises arrivent hier . . . non,
non . . . demain arrivent demain . . .

— Mais c'est terrible, dit Françoise. Papa, qu'est-ce
qu'on va faire?

— Je vais tout arranger. Restez ici.

M. Blanchard part tout de suite pour s'informer au sujet
des valises perdues. Quand il revient, il annonce:

— Tout est arrangé. Les valises arrivent demain matin.
On les enverra chez nous dès qu'elles arriveront. Eh bien,
vous êtes fatiguées. Partons tout de suite chez nous.

M. Blanchard et Françoise emmènent les jeunes filles à
leur auto dans le parking.

— Comme vous savez, dit M. Blanchard qui parle très
lentement et très clairement pour que les jeunes filles le
comprennent, nous habitons La Varenne, un faubourg de
Paris. Ce n'est pas loin. Détendez-vous. Vous allez voir des
vues de Paris.

Les rues sont très animées; la circulation est folle. Susan
et Louise sont maintenant très fatiguées, mais quand elles
voient les vues célèbres de Paris — la Tour Eiffel, la Place
de la Concorde, la Seine, le dôme de l'Église du Sacré-
Coeur — elles ne peuvent pas s'arrêter de s'exclamer. Elles
ont déjà vu tant de photos de Paris qu'il leur semble
qu'elles connaissent Paris très bien: les vues sont si
familières.

enverra   will send
dès que   as soon as

emmènent   take

pour que   so that
le faubourg   suburb
Détendez-vous.   Relax.

la circulation   traffic

vu   seen
tant   so many

Café-terrasse à Paris

Le Sacré-Coeur

— Regarde tous les cafés-terrasses! s'exclame Louise. Tous les trois bâtiments est un café, plein de personnes.

Tout Paris a un air très spécial, un air de carnaval, parce que partout, partout on voit des drapeaux — le bleu, le blanc, le rouge du tricolore. Tout Paris est prêt à célébrer la fête nationale, le jour de la prise de la Bastille — demain, le quatorze juillet.

On arrive à La Varenne. Les maisons sont petites et agréables. Elles ont de petits jardins entourés de haies ou de murs bas. Les rues sont tranquilles.

M. Blanchard s'arrête devant une maison et klaxonne. La porte s'ouvre immédiatement et voilà Mme Blanchard. Elle s'avance à la barrière pour accueillir Susan et Louise. M. Blanchard lui raconte vite l'histoire des bagages.

— Ah! Quel désastre! Pauvres petites. Vous semblez très fatiguées. Entrez! Entrez! Un petit repas, puis vous pouvez vous coucher tout de suite. Votre visite commencera demain.

— Et voici ma soeur aînée, Nicole, dit Françoise. Demain vous ferez la connaissance de mes frères, Henri et Jean. Ils ne sont pas là à l'instant.

Mme Blanchard est sur le point d'entrer dans la cuisine.

— Je vais préparer une petite salade pour vous.

— Oh, madame, nous n'avons faim nous mangeons beaucoup beaucoup sur l'avion, répond Louise. Nous sommes pleines.

Mme Blanchard et Françoise se regardent et rient.

— Ah, Louise. On ne dit pas ''Nous sommes pleines''

tous les trois bâtiments
  every third building

partout   everywhere

la prise   taking
la Bastille
  the Bastille (prison)

entouré   surrounded
la haie   hedge
bas   low
klaxonne
  honks his horn
la barrière   gate

aîné   older
ferez la connaissance
  will meet

La Seine

La Tour Eiffel

24

Ça veut dire que vous allez avoir des bébés, vous deux.

— Oh, non! dit Louise, embarrassée.

Elle regarde Susan, puis tout le monde éclate de rire.

Maintenant Françoise leur montre leur chambre. C'est une petite chambre avec une mansarde. Le lit est tout prêt avec un beau duvet bleu. Sur le lit il y a deux jolies robes de nuit et sur le plancher de chaque côté du lit il y a une paire de pantoufles.

— Pour vous, explique Françoise. Maintenant venez avec moi. Je vous montrerai la salle de bain. Vous savez que les salles de bain en France ne sont pas si grandes, si bien aménagées que les salles de bain au Canada. Elles ne ressemblent pas du tout aux photos dans les magazines américains.

Françoise les mène à la salle de bain, et c'est vrai, elle est petite. Puis Françoise leur souhaite ''Bonne nuit''. Les jeunes filles se lavent et se brossent les dents. Puis elles retournent à leur chambre où elles se déshabillent.

— Eh bien, Susan, je vais parler français ici et tu parles français aussi, n'est-ce pas? Parce que nous voulons prendre . . . apprendre parler, n'est-ce pas? Et regarde les robes de nuit! C'est gentil, n'est-ce pas? Les Blanchard sont gentils et je suis fatiguée et je dors maintenant. Au revoir. Non, pas ''Au revoir''. Bonne nuit. Oui, c'est ça. Bonne nuit, Susan. Oh! J'espère que les bagages arrivent hier . . . non, demain, n'est-ce pas, Susan?

— Oui, répond Susan.

Le lendemain matin on frappe à leur porte. C'est Nicole et Françoise. Elles ont des robes au bras.

— Bonjour, Louise. Tu as bien dormi?

— Oui, merci. Très bien.

— Et toi, Susan?

— Oui, merci. Très bien.

— Voici des robes. Mettez-les pour voir si elles vous vont. La salle de bain est occupée. Papa se rase. Quand il sortira, la salle de bain sera libre pour vous deux.

— Merci, Françoise. Merci, Nicole.

Peu après Susan et Louise descendent dans la cuisine où Mme Blanchard prépare le petit déjeuner.

éclate de rire bursts out laughing

la mansarde dormer window

la pantoufle slipper

montrerai will show

aménagé equipped

souhaite wishes

le lendemain matin the next morning

dormi slept

mettez put on
vont fit
libre free

— Bonjour, Louise. Bonjour, Susan, dit-elle. Vous avez bien dormi?

— Oui, très bien, merci, répond Louise.

— Oui, très bien, merci, imite Susan.

— Jean est allé à bicyclette chercher un pain frais chez le boulanger, explique Mme Blanchard.

A ce moment Jean entre, une baguette sous le bras et Mme Blanchard présente Jean à Louise et à Susan.   la baguette — loaf of French bread

— Et voici Jean. C'est le cadet de la famille. Il a dix ans.   le cadet — youngest

Mme Blanchard prend le pain et le casse en deux. Puis elle tient la moitié de la baguette contre sa poitrine, prend un couteau et coupe le pain en tranches, forçant le couteau vers son corps. Elle remarque l'expression troublée aux visages des jeunes filles et elle rit.   la moitié — half / la poitrine — chest / la tranche — slice

— Ce n'est pas dangereux, je vous l'assure. Je coupe le pain comme ça depuis des années.

Elle met les tranches de pain dans un panier. Françoise met une nappe bleue et blanche sur la table. Puis elle y met le panier de pain, une assiette de beurre et des confitures. Elle met un couteau à chaque place.

On avance deux chaises pour Louise et Susan et puis toute la famille s'assied.

— Je regrette qu'Henri ne soit pas ici, dit M. Blanchard. Il est allé voir un ami à Paris. Mais il sera de retour bientôt.

Françoise passe le panier de pain et les jeunes filles remarquent que tout le monde prend une tranche de pain et le met sur la nappe. Louise et Susan imitent les actions de leurs amis, mais elles sont surprises qu'on mette le pain sur la nappe et pas sur une assiette.

Mme Blanchard apporte des bols de café, un bol pour chacun. Les jeunes Canadiennes observent comment les membres de la famille prennent le bol entre les mains et boivent leur café. Louise et Susan font de même. Elles le trouvent un peu drôle, boire du café dans un bol et pas dans une tasse, mais quelle bonne idée en hiver quand il fait froid!

Mme Blanchard passe le panier de pain à Louise.

— Encore du pain, Louise?

— Merci, madame.

Louise tend la main pour prendre une tranche, mais le panier n'est pas là. Mme Blanchard offre du pain à son mari. Françoise remarque ce qui est arrivé.

— Maman, Louise aimerait avoir du pain.

— Mais elle a dit . . .

— Elle a dit "Merci", mais c'est "Oui, merci" et non pas "Non, merci."

Et Françoise explique à Louise et à Susan que "Merci" tout seul veut dire "Non". Si on veut encore de quelque chose, on dit "Oui, merci".

Mme Blanchard offre de nouveau le panier à Louise.

— Encore du pain, Louise? demande-t-elle en souriant.

— Oui, merci, répond Louise très vite et elle prend une tranche de pain.

Après le petit déjeuner Mme Blanchard explique que Françoise va faire un petit tour de La Varenne avec Louise et Susan. Nicole va rester à la maison à aider sa mère avec

---

le panier   basket
la nappe   table cloth
des confitures (f)   jam

soit   is
allé   gone
de retour   back

boivent   drink
de même   the same

tend   puts out

arrivé   happened
aimerait   would like

a dit   said

en souriant   smiling

le repas spécial qu'on prépare pour fêter le quatorze juillet.
Elles travaillent dans la cuisine à préparer le repas déjà
depuis deux jours.

— Nous préparons des mets spéciaux pour célébrer votre
visite et la fête nationale aussi, dit Mme Blanchard.

le mets   dish

La matinée passe vite. Susan et Louise s'intéressent à
tout à La Varenne et elles remarquent de petites différences
entre ce faubourg de Paris et leur ville dans l'Ontario du
sud. Elles visitent le grand lycée moderne et beau où
enseigne M. Blanchard.

Dans la rue Louise s'exclame:

— Regardez tous les drapeaux. C'est fantastique!

— Et ce soir . . . , commence Françoise. Non. Je ne vais
rien dire. Il faut attendre. Mais on se couchera très tard ce
soir, ou très tôt demain matin.

se couchera
    will go to bed

Quand elles retournent à la maison, elles trouvent que les
valises de Louise et de Susan sont là . . . et qu'Henri est
arrivé.

arrivé   arrived

— Henri est l'aîné de la famille, dit M. Blanchard quand
il présente Henri aux jeunes filles. Et lui, c'est l'inadapté de
la famille. Comme vous savez, moi, je suis professeur de
musique au lycée. Eh bien, ma femme, elle chante très
bien; Nicole joue du violon comme moi; Jean a le talent
du piano; Françoise dessine et peint — mais Henri! Il ne
s'intéresse qu'aux sciences. Il veut devenir chimiste.

l'aîné (m)   eldest
l'inadapté (m)   misfit

peint   paints
ne . . . que   only

— Bienvenue en France, dit Henri, et il donne la main à
chaque fille.

Quand elles sont seules Louise dit à Susan pour la taquiner:

taquiner   tease

— Je pense qu'Henri a tenu ta main dans sa main plus
longtemps qu'il a tenu la mienne.

a tenu   held
la mienne   mine

— Oh, Louise. Tais-toi! s'exclame Susan.

Tais-toi!   Shut up!

— Pourquoi est-ce que tu deviens rouge? demande
Louise. Tu sais, je pense que tu vas parler français mieux
maintenant qu'Henri est là.

Susan pousse Louise et les deux filles rient ensemble.

A sept heures du soir, tout le monde s'assemble dans le
salon pour boire un apéritif.

M. Blanchard et les deux garçons portent un complet et
Mme Blanchard et toutes les jeunes filles portent de belles
robes d'été.

M. Blanchard lève son verre et, en regardant Louise et Susan, il dit:

en regardant   looking at

— Nous sommes très contents de vous accueillir ici chez nous. Mesdames et messieurs, à la santé de nos deux belles ambassadrices du Canada.

accueillir   welcome

Toute la famille se lève, lève leur verre et dit:

— A votre santé.

Puis M. Blanchard lève son verre encore une fois et dit:

— Et aujourd'hui nous célébrons notre fête nationale, le jour où le peuple de la France a gagné sa liberté! A la France!

le peuple   people
a gagné   won

Tout le monde lève son verre et répète:

— A la France!

— Et maintenant, une petite cérémonie spéciale, dit Mme Blanchard. Quand nous avons une invitée à un dîner spécial, nous la couronnons reine de la fête. Ce soir nous avons deux invitées spéciales, alors nous avons deux reines. Henri va les couronner.

l'invitée (f)   guest
couronnons   crown
la reine   queen

Henri prend une couronne faite de papier d'or et la met sur la tête de Louise. Puis il prend une autre couronne d'or et la met sur la tête de Susan. Il la regarde dans les yeux; Susan rougit et baisse les yeux.

fait   made
d'or   gold

rougit   blushes

Tout le monde applaudit, lève son verre et crie:

applaudit   claps

— A la santé de nos deux reines!

A huit heures on entre dans la salle à manger. On admire la belle table: la nappe blanche, les assiettes bleues, blanches et d'or, l'argenterie de table luisante et un vase de belles fleurs d'été du jardin.

l'argenterie (f)   cutlery
luisant   shining
le jardin   garden

— Oh, madame. Que c'est beau! dit Louise.

— Oh, madame. Que c'est beau, répète Susan.

— Et voici le menu de ce banquet, dit Françoise, en tendant une carte à Louise et à Susan.

en tendant   handing

— C'est Françoise qui l'a dessiné, dit Mme Blanchard fièrement.

a dessiné   drew

Susan et Louise lisent le menu. Il y a beaucoup de mots qu'elles ne comprennent pas, mais elles décident qu'elles vont poser leurs questions quand Mme Blanchard servira chaque mets.

Voici le menu du repas:

Le Quatorze Juillet

Menu

Vin
Quenelles de volaille
Haricots verts
Fromages
Coupe de fruits
Gâteau Sec
Tarte aux abricots
Tarte aux prunes
Café
Anisette

— Je suis contente avoir faim beaucoup de faim, dit Louise.

— Moi aussi, dit Susan.

Avec chaque mets il y a un vin spécial.

— Si vous n'avez pas l'habitude de boire du vin, vous pouvez avoir du vin coupé, suggère Mme Blanchard.

— Qu'est-ce que c'est, vin coupé? demande Louise.

— On met de l'eau dans le verre de vin. Quand nos jeunes gens boivent du vin au dîner, c'est du vin coupé qu'ils boivent.

— Je pense que c'est une bonne idée. Du vin coupé, s'il vous plaît, demande Louise.

— Pour moi, aussi, dit Susan.

Nicole et Françoise aident Mme Blanchard à apporter chaque plat à la table et à emporter les assiettes vides, très vides, dans la cuisine. Chaque plat est décoré si joliment que tout le monde pousse des ah! et des oh! Et pendant qu'on mange, on entend:

le plat   course

pousse   utters

— Mmm!

— Que c'est bon!

— Que c'est délicieux!

— Magnifique!

— Oh! là! là!

Quand Mme Blanchard apporte un grand bol à la table, Susan regarde le menu.

C'est quenelles de volaille, pense-t-elle. Quenelles, quenelles . . . qu'est-ce que c'est?

Elle regarde le bol. Il y a une sauce blanche et épaisse et dans la sauce il y a des boules de viande. Le coeur de Susan se serre. Elle a entendu dire que les Français mangent beaucoup de cuisses de grenouille, et l'idée de manger de la grenouille la rend malade. Elle décide de ne rien dire. Si elle ne sait pas que c'est vraiment des cuisses de grenouille, elle pourra les manger, peut-être. Juste à ce moment elle entend sa soeur demander:

épais   thick
la boule   lump
se serre   contracts
entendu dire   heard
les cuisses de
   grenouille (f)
   frogs' legs
rend   makes
pourra   will be able

— Qu'est-ce que c'est dans le bol, madame? Parce que je sais que les Français mangent les jambes de grenouilles et Susan et moi ne mangent ça et je ne sais pas si nous aimons ça et s'il vous plaît seulement un peu.

Susan rougit. Elle est furieuse. Pourquoi Louise a-t-elle demandé?

Toute la famille éclate de rire.

— N'ayez pas peur, dit Mme Blanchard. Ce n'est pas des cuisses de grenouille. Quenelles de volaille, ce sont des morceaux de poulet. C'est la sauce qui est importante.

N'ayez pas peur.
    Don't be afraid.

Les deux jeunes Canadiennes se regardent, sourient et commencent à manger leurs quenelles de volaille avec bon appétit.

Il y a une autre petite coutume que les filles trouvent intéressante. Quand Mme Blanchard sert les haricots verts, elle ne les sert pas avec le mets principal. Elle les sert comme un mets séparé, tous seuls dans l'assiette.

la coutume   custom
sert   serves
le haricot   bean

Pendant le repas il y a beaucoup de conversation, beaucoup de blagues, beaucoup de plaisir. Il y a aussi deux petites pauses musicales: M. Blanchard et Nicole jouent du violon, Jean joue du piano et Mme Blanchard chante.

la blague   joke

A minuit, après les fromages, après la coupe de fruits et les gâteaux secs, après les immenses tartes aux abricots et aux prunes, après le café et l'anisette, tout le monde remercie Mme Blanchard et Nicole du repas somptueux, et puis M. Blanchard s'exclame,

le fromage   cheese
le gâteau sec   biscuit
la prune   plum

— Allons danser dans les rues!

La nuit est belle. Au clair de la lune, les drapeaux se balancent dans la brise chaude et agréable. Les portes des maisons sont ouvertes. Il y a beaucoup de gens dans les rues. Quelqu'un joue de l'accordéon. M. Blanchard, qui a son violon avec lui, s'arrête et accompagne l'accordéoniste. En entendant la musique gaie, on commence à danser dans les rues.

au clair de la lune
    in the moonlight
se balancent
    are waving

en entendant   hearing

— Partout à Paris on danse dans les rues, partout il y a des orchestres dans les rues et tout le monde danse, dit Henri à Susan. Le quatorze juillet, on danse toujours dans les rues. Eh bien, on fête le quatorze juillet, alors dansons!

Louise regarde Henri et sa soeur. Elle rit tout bas. Ils dansent bien ensemble, et Susan parle français à Henri avec vivacité!

Françoise s'approche.

— Oh, Françoise. Nous nous amusons si bien ici chez

vous. Quelle aventure! Merci. Merci. Votre famille est si gentille.

— Mais on ne fait que commencer! répond Françoise et elle présente Louise à deux jeunes hommes qui lui demandent de danser.

— Nous avons toutes sortes de projets pour le reste du mois!

on ne fait que
commencer
it's only the
beginning

VÊTEMENTS

par Soeur M. Gallagher, s.c.

Acheter ou avoir de nouveaux vêtements, certains pensent
qu'il n'y a rien de plus amusant, une vraie joie, même si   la joie   joy
c'est seulement de nouveaux jeans.

    Quand vous avez besoin de vêtements, qu'est-ce que vous
faites? Probablement comme beaucoup de personnes, vous
allez dans un grand magasin, vous cherchez parmi tous les   parmi   among
vêtements et finalement, si vous avez de la chance, vous   la chance   luck
trouvez la mode et la couleur que vous voulez, et vous   la mode   style

espérez que le prix va être ce que vous voulez payer.

Peut-être que si vous avez besoin de quelque chose de spécial pour un événement spécial, vous allez dans une boutique où vous trouvez des vêtements de modes différentes; peut-être des vêtements fabriqués à la main.

Ou encore si vous êtes très riche, vous pouvez aller dans des boutiques exclusives où vous trouvez des vêtements dessinés par les grands dessinateurs de mode, les couturiers de la haute couture. Il y a des couturiers de modes exclusives dans tous les pays, mais les noms des couturiers français — Pierre Cardin, Christian Dior et Yves St-Laurent sont très célèbres. Si une jeune fille achète une robe avec l'étiquette Dior, elle va payer cher, mais elle sait qu'elle ne va pas rencontrer une autre personne avec la même robe!

Et peut-être que si vous êtes riche, vous achetez du tissu et vous allez chez un couturier ou une couturière qui va vous faire le vêtement exactement comme vous le voulez. Ça coûte peut-être plus cher qu'au magasin, mais vous avez quelque chose qui est unique, qui vous va bien et vous avez aussi la couleur et la mode que vous désirez.

En dernier lieu, si vous êtes habile, vous pouvez faire vos vêtements vous-même. Non seulement vous pouvez avoir un vêtement unique, mais vous allez avoir beaucoup de satisfaction! Et vous pouvez toujours vous perfectionner parce qu'on donne partout des leçons de couture, pour les débutants, les avancés, des cours de tailleur, de dessinateur et même de haute couture.

Mais d'où viennent les vêtements que vous achetez dans les grands magasins? Est-ce que vous savez pourquoi une robe, une chemise ou un manteau peut coûter très peu et d'autres, très semblables, peuvent coûter très cher? Regardez l'étiquette! Est-ce que le tissu est synthétique, c'est-à-dire, fabriqué dans les laboratoires ou les usines: polyester, nylon, etc., ou est-ce que le tissu est naturel comme la laine, la soie ou le coton? Voilà, en partie, la réponse. Maintenant regardez bien où le vêtement est fait. Est-ce que le pays d'origine est un pays industriel comme le Canada, les États-Unis, la France ou l'Angleterre, ou un pays sous-developpé, un pays du Tiers-Monde? Si le pays d'origine est un pays du Tiers-Monde ou même un endroit comme Hong-Kong ou le Taïwan, le vêtement ne coûte pas

espérez hope
le prix price
l'événement (m) event
la boutique shop
dessiné designed
le couturier dress designer
la haute couture high fashion
l'étiquette (f) label
le tissu material
va bien suits
habile clever
perfectionner improve
partout everywhere
la couture sewing
semblable similar
c'est-à-dire that is to say
l'usine (f) factory
la laine wool
la soie silk
le Tiers-Monde the Third World
l'endroit (m) place

cher. Pourquoi? C'est sans doute parce que ces pays ont une très grande population et les travailleurs ne sont pas membres d'un syndicat. Ils travaillent dans des usines 10, 13, 15 heures par jour et ils gagnent 30¢, 50¢ ou 75¢ de l'heure. C'est pourquoi ces vêtements ne coûtent pas cher. Même ici au Canada, il y a des personnes, des femmes surtout, qui font des vêtements à la maison pour l'industrie vestimentaire. Elles sont payées quelques cents par robe ou blouse ou chemise. C'est un travail long et monotone pour très peu d'argent.

le syndicat   union
gagnent   earn

vestimentaire   clothing

Et le blue-jean, ce vêtement préféré, confortable qu'on peut appeler l'uniforme des jeunes, surtout en Amérique du Nord, est-ce que vous savez d'où il vient? C'est une invention du 20e siècle, n'est-ce pas? Mais non! Ce pantalon n'est pas une invention moderne; il date de 1850. En cette année, Lévi Strauss arrive en Californie avec de la toile de tente qu'il veut vendre aux prospecteurs. A cause de leur travail, les prospecteurs usent très vite leurs pantalons, alors Lévi Strauss fait des pantalons de sa toile de tente. C'est un succès formidable. Plus tard, on ne fait plus les jeans en toile de tente mais en denim, un coton fort et résistant. Pourquoi le nom ''denim''? Parce que le tissu a son origine à Nîmes, en France. Alors cette ''serge de Nîmes'', après quelque temps, devient simplement ''denim''.[1]

la toile de tente   canvas

usent   wear out

L'industrie vestimentaire est très importante aujourd'hui et beaucoup de personnes y gagnent leur vie, dans la fabrication et dans la vente des vêtements.

la vente   sale

Mais si vous remontez dans le temps, mettons à 1775, quelque part au Canada, qu'est-ce que vous pouvez faire si vous voulez avoir de nouveaux vêtements? Les grands magasins n'existent pas. Alors qu'est-ce qu'on doit faire? Si on a beaucoup de patience et assez d'argent, on peut passer une commande à un bateau qui va en France ou en Angleterre à la fin de l'été et on attend. Si tout va bien, on peut recevoir la commande le printemps ou l'été suivant! Mais c'est une longue attente; les vêtements sont chers et souvent peu pratiques pour la température froide de la jeune colonie. Alors on doit utiliser ce qu'il y a sur place — la laine des moutons, le cuir des peaux d'animaux, les différentes fourrures et la toile de lin. C'est un long travail de préparer toutes ces choses et les tissus qu'on fait sont

remontez   go back
mettons   let's say

passer   give
le bateau   ship
recevoir   receive
suivant   following
l'attente (f)   wait
pratique   practical

le mouton   sheep
le cuir   leather
la peau   skin
la fourrure   fur
la toile de lin   linen

1. ''Le Blue-Jean'', Danielle Carrière, *Perspectives*, 12 janvier 1974.

chauds, rudes, forts et sombres. Alors on doit ajouter un
peu de couleur!

Il y a de grands foulards qui tiennent le cou et le visage
très chauds; et de longues tuques qui peuvent aussi servir
de foulard. En dernier lieu, il y a les ceintures fléchées:
ceintures avec leurs dessins toujours en forme de flèches:
ces longues ceintures de différentes couleurs sont pratiques.
On les met autour du corps pour avoir plus chaud. Les
trappeurs et les hommes qui travaillent dans les bois

rude   rough
sombre   dark
ajouter   add
le foulard   scarf
tiennent   keep
la ceinture fléchée
   belt with arrow
   design
les bois (m)   woods

peuvent mettre leurs couteaux, leurs haches et leurs pistolets
dans ces ceintures. Aujourd'hui ces ceintures sont faites à la
machine, mais au commencement elles sont tressées à la
main. C'est difficile? Non, mais long, surtout. On peut
mettre de 50 à 150 heures à tresser une ceinture fléchée.[2]
Aujourd'hui vous pouvez voir ces ceintures dans les
boutiques au Québec. Si vous allez au Carnaval de Québec,
vous allez voir des gens avec des manteaux, des tuques et
des ceintures fléchées qui imitent les modes de l'ancien
temps.

la hache   axe

tressé   braided

  Aujourd'hui aussi, les maisons de mode et de haute
couture canadiennes imitent souvent les modes et les sortes
de vêtements des années de la jeune colonie. Cela leur
donne un caractère uniquement canadien.

  L'industrie vestimentaire a une longue histoire au Canada
et aujourd'hui on a beaucoup de choix quand on veut
avoir de nouveaux vêtements. Evidemment les choix
sont influencés par l'argent qu'on a ou par d'autres
considérations. Alors, quel est le choix: porter l'uniforme de
jeans et de T-shirt? porter des vêtements faits au Canada, ou
des vêtements faits par les travailleurs du Tiers-Monde?
Faites votre choix.

le choix   choice

2. ''La Ceinture Fléchée'', *De Chez Nous*. OISE Modules. OISE Press.
 Toronto, Ontario.

Le Printemps

par Morgan Kenney

Une goutte de pluie descend la vitre comme

une larme

Une larme
inspire
de l'ennui
de la mélancolie

Mais une goutte de pluie
rafraîchit
réjouit
les graines
espérant
un printemps
qui attend
depuis longtemps
assurant
la naissance
de l'espérance

L'Eté
par Morgan Kenney

Le soleil
ardent
et brûlant
bombarde l'air
et la terre
de rayons

Sa chaleur
attire les fleurs
bronze les peaux
réchauffe les eaux
vend des lunettes colorées
et de la crème glacée

L'Automne

par Morgan Kenney

Les feuilles

bateaux à voile

brillantes étoiles

contre le ciel poussées

par un vent musclé

Sur la terre
elles s'entassent
en masse
amusant
les enfants
sautant
et les râteaux
à fines dents

L'Hiver
par Morgan Kenney

Les flocons
de neige

fragiles
petites plumes
blanches
et agiles
dansent
en tombant

tranquillement
flottant
mobiles
dans un ciel
couleur
d'argile

Ils habillent les arbres tremblants
de vêtements blancs et réchauffants
ils recouvrent le paysage dur
d'une couverture
molle et pure

Le Cadeau

par Dieter Euler

Lisette est une jeune fille, une jeune fille comme toutes les
autres. Elle va à l'école; elle fait ses devoirs; elle habite une
maison; elle a un chien; elle a un frère qu'elle trouve bête;
elle travaille les fins de semaine; elle aide sa mère et ses
amis — une jeune fille comme toutes les jeunes filles.

C'est l'automne et Lisette se prépare pour l'équipe de ski.
Elle et son ami Renault commencent leur entraînement en
novembre. Deux fois par semaine après l'école et en fin de
semaine aussi, ils courent et font des exercices. Derrière
leur école il y a des champs et des collines. Il y a une forêt
et une rivière. Lisette et Renault aiment courir le long de la
rivière et dans la forêt. Tout est tranquille: l'air est pur, le
ciel bleu, le soleil jaune. On peut admirer la silhouette noire
des arbres contre le ciel. Lisette et Renault aiment regarder
tout ce beau décor.

la fois   time
courent   run
le champ   field
le colline   hill
la forêt   forest
le long de   along

Un jour, quand ils courent dans la forêt, Lisette trébuche
sur une roche. Il y a des ombres et Lisette ne voit pas bien.

trébuche   trips
la roche   rock

Noël arrive. Et les vacances de Noël. La neige tombe.
Tout est blanc, tout est beau. On décore les magasins.
Lisette et Renault admirent les arbres de Noël, les cadeaux,
les papiers; tout est rouge, vert, blanc. La nuit, ils regardent
les reflets de la lune sur la neige blanche. Que c'est beau!
Ils marchent, parlent de beaucoup de choses et regardent la

une ombre   shadow
tombe   falls

le reflet   reflection
la lune   moon

belle lune. Un soir Lisette trébuche et tombe. Il y a un trou qu'elle n'a pas vu.

le trou   hole
n'a pas vu   didn't see

Noël arrive et le père Noël aussi avec tous ses cadeaux. Lisette reçoit beaucoup de cadeaux: une blouse blanche de ses grands-parents; de l'argent de sa tante et de son oncle; de nouveaux skis de ses parents et un costume de ski de Renault.

reçoit   gets

le costume   suit

— Merci du beau costume de ski rose, Renault, dit Lisette et elle lui donne un baiser.

le baiser   kiss

— De rien, répond Renault. Tu dois avoir un costume de ski super comme membre de l'équipe victorieuse. Mais . . . euh . . . le costume n'est pas rose. Il est rouge, n'est-ce pas?

dois   must

— Ah oui. C'est probablement la lumière, dit Lisette. J'ai l'impression que le costume est rose. Je l'adore!

la lumière   light

Après Noël, le docteur Comtois examine tous les membres des équipes de ski qui vont participer au concours. Il examine leurs muscles, leurs réflexes, leur coeur, leur respiration, leurs yeux, leurs oreilles, etc.

le concours
   competition
le coeur   heart

En ce moment, il examine Lisette.

— Et maintenant, Lisette. Veux-tu lire les lettres sur cette carte?

Les lettres sont:

E	R	P	T
F	U	V	M
N	H	A	F
P	Q	C	B

Lisette lit:

E	B	T	I
F	V	U	N
A	A	A	E
F	O	O	P

— Merci, Lisette. Maintenant, dis-moi la couleur de ces objets. Il lui montre un crayon rouge.

montre   shows

— C'est rose.

Il lui montre un papier blanc.

— C'est gris.

Il lui montre un livre vert.

— C'est brun.

— Lisette, je pense que tu as un problème. Va voir un ophtalmologiste immédiatement.

un ophtalmologiste
   eye specialist

Après plusieurs visites et de nombreux tests, M. Langier,
l'ophtalmologiste, dit à Lisette et à ses parents:

— Je regrette infiniment, mais j'ai quelque chose de très
grave à vous dire. Lisette, il n'y a plus de doute, tu deviens
aveugle.

— Oh non, s'écrie la mère de Lisette. Lisette ne dit rien.
Elle regarde M. Langier.

— Je n'ai pas d'explication à vous donner. Je ne
comprends pas. C'est compliqué. J'ai discuté les résultats
des tests avec d'autres spécialistes. Personne ne comprend
ce qui se passe. J'ai une amie à l'université qui fait des
recherches dans ce domaine, mais pour l'instant . . .

La famille est atterrée. Le père pleure silencieusement.
Lisette et sa mère ne disent rien.

A la maison, Lisette commence à comprendre la
situation. Elle sait que le docteur Langier a raison. De jour
en jour elle a plus de difficulté à voir. Puis un jour, elle ne
voit plus rien. Elle est aveugle.

La belle jeune fille blonde au grand sourire, aux yeux
bleus et étincelants, ne voit plus.

Elle ne voit plus la neige, la lune, la forêt, la rivière, les
champs, les collines, les arbres. Elle ne voit plus sa mère,
son père, son frère, son chien. Elle ne voit plus ses skis, ni
son beau costume de ski, ni Renault.

Lisette ne peut pas accepter cette situation terrible. C'est
la déprime.

Elle refuse de quitter sa chambre.

Elle cesse de parler. Quand ses parents lui parlent, elle ne
répond pas.

Elle refuse même de manger.

Quand ses amis viennent à la maison, elle refuse de les
voir, c'est-à-dire, de leur parler.

Elle refuse de parler à Renault, d'écouter lire ses lettres.

Elle reste seule dans sa chambre, comme un animal
blessé. C'est sa mère qui lui donne à manger. C'est sa mère
qui la conduit à la salle de bain, qui la lave et qui lui
peigne les cheveux.

Elle existe, mais c'est tout.

Sa vie semble finie.

deviens aveugle	are going blind
comprends	understand
personne ne	no one
atterré	crushed
pleure	weeps
le sourire	smile
étincelant	sparkling
la déprime	depression
cesse	stops
lire	being read
seul	alone
blessé	wounded
conduit	takes

*   *   *

Le docteur Dubet est dans son laboratoire à l'université. Elle est très fatiguée. Elle fait des expériences sur des rats de laboratoire depuis des années, depuis l'année où son fils est devenu aveugle et qu'il est mort.

Ce soir elle est fatiguée, oui, mais aussi très encouragée. Depuis des années elle traite des rats aveugles, mais sans succès. Cependant, elle vient d'essayer une nouvelle technique et voilà que ces derniers rats voient! Ils voient même dans l'obscurité!

Après tant d'années, le docteur n'arrive pas à croire à sa réussite. Mais les rats voient! Pas de doute!

Lentement, elle prend son manteau, son sac à main, elle ferme les lumières et rentre. Elle pense à ses rats. Oui, ça marche, ça marche avec les rats. Et avec les humains?

Maintenant elle doit essayer cette technique sur quelqu'un. Mais qui? Il y a un risque . . .

Le lendemain le téléphone sonne. C'est son ami, le docteur Langier.

— Allô, Alain. Comment ça va?

— Bien, merci, et toi, Ghislaine?

— Bien, merci. Dis, ça me fait plaisir de te parler. Quoi de neuf?

— Pas grand-chose . . . si . . . un cas difficile: une jeune fille. Elle est devenue aveugle. Je sais que tu fais des recherches dans ce domaine. As-tu trouvé quelque chose?

— Mon cher Alain, que tu as de la chance! Hier soir mes rats ont coopéré. Les résultats sont positifs, mais . . .

— Bravo! Bravo! Bravo! Hourra! Que tu es . . .

— Alain! Ecoute! Il y a encore des problèmes. Ne va pas trop vite. N'oublie pas que je fais mes expériences sur des rats, et non pas sur des humains.

Les deux amis discutent de la situation. Le docteur Langier explique la condition de Lisette et parle du désespoir des parents.

A la fin, le docteur Dubet prend une décision.

— Eh bien, Alain! Moi, je veux bien essayer. Je veux bien opérer Lisette et même gratuitement, mais il y a de graves dangers. Je dois parler aux parents de Lisette et leur expliquer la situation. S'ils acceptent, je vais expliquer l'opération à Lisette.

fait des expériences has been doing experiments
est devenu became
est mort died

cependant however

même even
tant de so many
croire believe
la réussite success
prend takes
le sac à main purse

essayer try

le lendemain the next day
sonne rings

Quoi de neuf? What's new?

trouvé found

oublie forget

le désespoir despair

gratuitement free of charge

Quand la secrétaire du médecin téléphone aux parents de Lisette pour les inviter à venir au cabinet du médecin, ils refusent. Ils sont trop fatigués, trop tristes, trop désespérés. La secrétaire est très gentille, mais elle insiste. Le médecin a des nouvelles. Il y a peut-être une chance pour Lisette. A la fin, les parents consentent à aller au cabinet du médecin. Quand le docteur Langier les voit, il est troublé. Les parents semblent plus âgés: leurs visages sont ridés, leurs yeux sont sans vie.

Le médecin décide tout de suite de prendre un ton autoritaire.

— M. et Mme Mauger, une de mes collègues a fait une découverte. Je pense qu'elle peut aider votre fille.

— Excusez-moi, monsieur le docteur, mais je n'ai pas l'argent pour payer une opération.

— Ça ne va rien coûter.

— Pas possible! s'exclame M. Mauger.

— Ecoutez. Ma collègue a besoin d'un volontaire. Ses recherches ne sont pas terminées. Il y a des dangers pour Lisette, je l'admets.

— Quels dangers? demande Mme Mauger.

— Ma collègue a fait ses expériences uniquement sur des rats, et non pas sur des humains. Par conséquent, elle ne peut pas garantir le succès en ce qui concerne Lisette.

M. et Mme Mauger hésitent. Ils se regardent sans dire un mot.

le cabinet du médecin
   doctor's office
triste   sad
désespéré   despairing

semblent   seem
le visage   face
ridé   lined
la découverte
   discovery

coûter   cost

a besoin de   needs

— Si on ne fait rien, continue le médecin, Lisette va rester aveugle toute sa vie. Vous n'avez rien à perdre. Pensez-y et téléphonez-moi demain. Il n'y a pas de temps à perdre.

Le lendemain le téléphone ne sonne pas.

Le soir le docteur Langier rentre triste chez lui.

Parfois je regrette d'être médecin, surtout quand je ne peux rien faire pour aider mes patients, pense-t-il.

Il pense à Lisette toute la soirée.

Le lendemain matin, quand il arrive au cabinet, les Mauger l'attendent.

Ils ont les yeux rouges, ils sont nerveux, leurs mains et leur voix tremblent.

— Excusez-nous, monsieur le docteur. Si ce n'est pas trop tard, nous avons décidé d'accepter le risque. Lisette aussi. Donnez-nous vite les papiers à signer. Nous avons peur de changer d'idée.

Le docteur Langier est très content. Il parle encore des risques, mais il essaie aussi de rassurer les parents. Il leur dit que Ghislaine Dubet est très compétente, très douée.

doué   talented

Après le départ des Mauger, le docteur Langier téléphone au docteur Dubet. Naturellement elle est très contente de pouvoir essayer sa nouvelle technique sur quelqu'un.

Tous les élèves de l'école de Lisette apprennent bientôt la nouvelle. Les journaux, la radio et la télé parlent de

apprennent   learn

48

l'opération de Lisette. Les élèves lui envoient des cartes et des fleurs. La mère de Lisette lui lit les messages sur les cartes. Lisette touche et sent les fleurs. Quand des visiteurs arrivent dans sa chambre à l'hôpital, Lisette accepte de parler avec eux.

Le message est clair.

Tout le monde semble dire à Lisette: ''Courage, nous prions pour toi.''

Le jour de l'opération arrive. L'opération dure quatre heures. Après quatre heures, le docteur Dubet sort de la salle d'opération; elle est épuisée, pensive.

Les journalistes attendent. Pour eux c'est une histoire à sensation: une jeune fille aveugle, une nouvelle technique, du danger . . .

— Docteur, comment a été l'opération?

— Docteur, est-ce qu'elle va voir?

— Docteur, avez-vous . . .

— Excusez-moi, messieurs, mais vraiment, c'est trop tôt. Il faut attendre.

Tout le monde attend: les parents, les docteurs, les amis de Lisette, les élèves, les journalistes, les annonceurs et Lisette, surtout Lisette, elle attend.

Enfin le jour arrive où le docteur va ôter les pansements. Le docteur Langier et les Mauger sont près du lit de Lisette. Le docteur Dubet ferme toutes les lumières et baisse les stores. Elle ôte maintenant un pansement. La mère de Lisette pleure silencieusement dans son mouchoir. Le médecin ôte le deuxième pansement. Le père se tord les mains. Le médecin parle calmement à Lisette et ôte le dernier pansement.

Tout le monde regarde Lisette. Dans la pièce presque noire, Lisette, immobile, les yeux gonflés, ressemble à un ange mort. Elle ne bouge pas; elle ne respire pas.

Le médecin continue à parler à voix basse. Elle examine les yeux de Lisette avec sa lampe de poche. Puis elle ouvre les stores un peu et va au pied du lit.

— Lisette, ouvre les yeux.

Lisette ouvre les yeux. Elle ne dit rien.

On attend. On entend seulement la respiration nerveuse des parents.

Le médecin se résigne; Mme Mauger pleure, M. Mauger aussi.

se résigne   is resigned

Lisette tourne la tête un peu dans la direction de son père. Toujours ce silence terrible.

Le médecin est découragé.

Mais soudain on entend la voix de Lisette qui dit:

— Papa, j'aime ta nouvelle cravate. C'est un cadeau d'anniversaire?

50

LE CASSE-TÊTE

par David Gallagher

Joseph Laval regarde son calendrier, puis il demande à sa
femme:

— Est-ce que tu sais quelle date nous sommes?

— Mais oui, c'est le 12 septembre, répond sa femme.

— Oui, et dans deux semaines, c'est l'anniversaire de
mon père. Qu'est-ce que nous allons faire pour le fêter?

— Je ne sais pas. Chaque année nous faisons les mêmes
choses, dit sa femme.

— Oui. Nous l'invitons ici, puis nous allons à un bon
restaurant et au théâtre.

— Et chaque année nous lui donnons les mêmes cadeaux:
une chemise blanche et une cravate bleue.

— Mais qu'est-ce que nous pouvons faire d'autre?
demande Joseph. Il ne fume pas et il ne boit pas. Alors
nous ne pouvons lui acheter ni cigarettes ni vin.

— Et il a déjà tous les outils nécessaires pour réparer sa
voiture et sa maison, ajoute sa femme.

— Il aime les sports, mais il a des billets pour tous les
matchs de ses équipes favorites. Alors qu'est-ce que tu
suggères?

— Du matériel de sport? demande sa femme.

— Il a tout, tout, tout dont il a besoin.

— On lui donne un avion peut-être? suggère sa femme.

— Ne sois pas bête! Tu sais que ça coûte trop cher.

— Ton père et ta mère aiment voyager, mais ils ont fait
le tour du monde, et cet été ils vont en Grèce en bateau …

— Hé! J'ai une bonne idée, interrompt Joseph. Papa aime
faire des puzzles: des rébus, des devinettes et des casse-tête.
Nous pouvons lui donner un livre de casse-tête et un
dictionnaire pour l'aider … et naturellement, une chemise
blanche et une cravate bleue aussi. Tu m'écoutes, Louise?

— Oui, je t'écoute. Mais ça, c'est une excellente idée.

— Nous pouvons l'inviter ici pour une fête bien
différente, continue Joseph. Nous pouvons inviter Julie,
Alexandre, Eric, Paul et Marthe.

— Mais qu'est-ce que tu dis? Ton père ne connaît pas
nos amis.

le casse-tête   puzzle

fêter   celebrate

boit   drink

l'outil (m)   tool
ajoute   adds

l'équipe (f)   team
suggères   suggest

dont il a besoin
   that he needs

sois   be
bête   silly
coûte   costs
fait   gone on OR:
ont fait   went on
interrompt   interrupts
le rébus   picture puzzle
la devinette   riddle

la fête   party

— Oui, je sais. C'est pourquoi je veux les inviter, répond Joseph.

— Comment?? Qu'est-ce qui te prend? Tu es fou?

te prend
  has come over you
fou crazy

— Mais non, écoute. Nous pouvons acheter cinq cadeaux: une chemise, une cravate, un pantalon, un chandail et un disque. Ça c'est un cadeau pour Papa de la part de chacun de nos amis.

chacun each

Puis nous pouvons écrire des devinettes et les attacher aux cadeaux. Papa doit deviner qui lui donne chaque cadeau. S'il devine juste, nous l'emmenons à son restaurant favori, mais s'il se trompe, nous allons tous chez McDonald. Qu'est-ce que tu en penses? demande Joseph.

doit must
deviner guess
emmenons take
se trompe
  makes a mistake

— Voilà quelque chose de différent. C'est merveilleux. Je suis sûre que Papa va aimer cette fête.

Le jour de l'anniversaire arrive et à six heures les parents de Joseph sont chez lui.

Joseph explique le casse-tête.

— A l'arrivée de nos amis, Papa, tu peux poser une seule question à chacun et ils doivent y faire une réponse complète. Ecoute-les bien. Et maintenant, voilà les cadeaux. Lis bien les étiquettes.

doivent must

l'étiquette (f) label

M. Laval ouvre les cadeaux et lit attentivement les devinettes qui y sont attachées.

attentivement carefully

Moi, je déteste le rouge, les taxis et le froid. Je préfère jouer au tennis qu'au football et, pour mes prochaines vacances, je veux retourner en Europe.

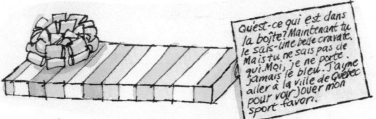

Qu'est-ce qui est dans la boîte? Maintenant tu le sais — une belle cravate. Mais tu ne sais pas de qui. Moi, je ne porte jamais le bleu. J'aime aller à la ville de Québec pour voir jouer mon sport favori.

J'aime le vert et le football. A cause de ma profession, je ne reste pas longtemps dans une ville.

C'est un pantalon brun. Le brun est ma couleur préférée. Moi, je travaille dans un cabinet médical et je voyage souvent, mais jamais en train.

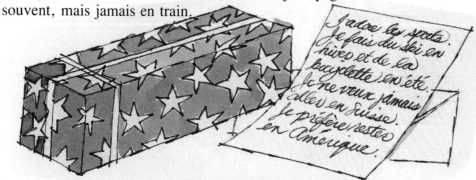

J'adore les sports. Je fais du ski en hiver et de la bicyclette en été. Je ne veux jamais aller en Suisse. Je préfère rester en Amérique.

Après dix minutes, les amis de Joseph arrivent et il les présente à son père.

— N'oublie pas, Papa. Une question pour chaque personne.

Papa, je te présente Alex.

— Bonjour, Alex.

— Bonjour, M. Laval.

— Vous aimez voyager?

— Oui, je vais à Aspen cet hiver en vacances.

— Papa, je te présente Julie.

— Bonjour, Julie.

— Bonjour, M. Laval. Enchantée de faire votre connaissance.

— Merci. Quelle jolie jupe bleue que vous portez!

— Merci, le bleu est ma couleur favorite. Quand je vais à Paris, j'achète toujours une robe bleue.

— Papa, voici mon ami Paul.

— Bonjour, Monsieur.

— Enchanté, Paul, et qu'est-ce qui vous intéresse?

— Moi, je m'intéresse à la médecine. Je suis infirmier à Montréal.

— Salut, M. Laval.

— Papa, c'est Eric.

— Salut, Eric. Vous aimez les sports?

— Bien sûr! Surtout les Cowboys de Dallas. J'y vais souvent les regarder jouer.

— Papa, j'ai le plaisir de te présenter Marthe.

— Salut, Monsieur.

— Salut, Marthe. Et qu'est-ce que vous aimez faire le week-end?

— Moi, j'aime aller en voiture à un match de hockey de mon équipe favorite, les Nordiques.

— Et maintenant, Louise, du bon vin pour nos amis et pour Maman. Et pour toi, Papa, vingt minutes pour trouver qui te donne ces cadeaux. Bon anniversaire, Papa!

Et vous, est-ce que vous pouvez trouver les solutions de ce casse-tête? Qui donne chaque cadeau à M. Laval? Bonne chance!

En Safari

par Dieter Euler

— Surprise, j'ai une surprise pour toi, chérie, dit M. Lepard avec son grand sourire habituel, et il donne un grand baiser à sa femme.

      — Une surprise? Pour moi? Mais qu'est-ce que c'est? demande Barbara, sa jolie femme.

      — Ah, une surprise est une surprise. Attends un peu, répond M. Lepard. Salut, les gars! Comment ça va? Vous êtes très braves aujourd'hui? demande M. Lepard à ses deux petits garçons, Luc et Jacques.

      — Tiens, Jacques, viens me donner un grand baiser, dit-il, et il embrasse le plus petit qui a trois ans.

chérie   my dear
le sourire   smile
le baiser   kiss

les gars   boys
brave   good

Jacques est très blond et très mignon. Toujours joyeux, il a le grand sourire heureux de son père et les fossettes aux joues de sa mère. Il est un ange parfois, mais il est aussi un petit diable.

— Tiens, Jacques, j'ai un cadeau pour toi aussi. Ferme les yeux, donne-moi la main . . . bon, voilà . . .

Et il donne à Jacques une grosse grenouille laide et brune en caoutchouc. Jacques adore les grenouilles laides et brunes et vertes.

— Merci, Papa, merci beaucoup, dit le petit Jacques, fasciné.

— Viens, Luc, j'ai aussi une surprise pour toi.

Luc, qui a 5 ans, donne aussi un bon baiser à son père. Luc aussi est mignon. Il a les beaux yeux de sa mère et le grand sourire de son père, et une personnalité charmante.

— Ferme les yeux et donne-moi la main.

La père lui donne un serpent en caoutchouc, un serpent vert et noir et jaune, qui bouge. Quand Luc ouvre les yeux, il crie, parce qu'il déteste les serpents.

— Chéri, ne fais pas ça, tu lui fais peur, dit Mme Lepard.

— Ah, c'est seulement une blague, n'est-ce pas, Luc?

Et il embrasse son fils, qui commence à sourire un peu.

— Et où est ma surprise? demande Barbara de nouveau. Si c'est une grenouille ou un serpent, tu peux le garder.

— Ah non, pour toi, chérie, j'ai une Couguar.

— Un quoi??? Un couguar? Tu blagues. Tu sais que je déteste . . .

— Attends, attends, ce n'est pas **un** couguar, c'est **une** Couguar.

— Ça m'est égal si c'est un mâle ou une femelle, un animal sauvage n'est pas . . .

Mais son mari rit, et rit, et elle, qui le regarde, commence à rire aussi.

— Ah bien. Tu blagues, hein?

— Non, ce n'est pas une blague. C'est vrai. J'ai une voiture pour toi. Une nouvelle voiture rouge.

— Vraiment, mais vraiment? demande-t-elle, surprise.

Barbara demande une nouvelle auto pour la famille

---

mignon cute
la fossette dimple
la joue cheek
le diable devil

la grenouille frog
laid ugly
en caoutchouc (made) of rubber

bouge wiggles
ouvre opens

fais peur frighten

la blague joke
sourire smile
un peu a little

Un quoi? A what?
blagues are kidding

ça m'est égal I don't care

le mari husband
rit laughs
rire laugh

vrai true

vraiment really

56

depuis quatre ans. Leur auto actuelle, une vieille, vieille "Lapin" jaune, est toujours une menace.

le lapin   rabbit

— Cette fois je ne blague pas. C'est vrai. Un ami a voulu vendre sa voiture. Elle est en bon état. Le prix était intéressant. Alors je l'ai tout de suite achetée. Nous allons l'avoir demain, et dimanche, nous allons faire une promenade en auto, toute la famille — avec la grenouille et le serpent et le chien. D'accord?

a voulu   wanted
l'état (m)   shape
le prix   price
était   was
ai acheté   bought

D'accord?   O.K.?

Il embrasse tout le monde. Tout le monde est ému. Quelle surprise excitante!

ému   excited

Samedi arrive. On va chercher la nouvelle voiture. Qu'elle est belle! — en rouge éclatant, automatique, stéréo, vitres électriques, air climatisé, beaucoup de chrome. Elle roule silencieusement et doucement, comme un nuage flotte dans le ciel.

va chercher   go and get
éclatant   brilliant
la vitre   window
roule   runs
doucement   smoothly
le nuage   cloud
flotte   floats

Dimanche arrive. On décide de visiter le zoo célèbre "Safari Gardens", là où tous les animaux sauvages sont en liberté, et dans un habitat naturel. Les enfants veulent y aller depuis longtemps parce qu'ils adorent les animaux.

A la porte, on paye le prix d'entrée. On voit aussi plusieurs enseignes:

la porte   gate
l'enseigne (f)   sign
gardez   keep

* GARDEZ LES VITRES FERMÉES
* NE DONNEZ PAS À MANGER AUX ANIMAUX
* RESTEZ DANS VOTRE VOITURE
* NE FAITES PAS DE BRUIT EXCESSIF
* SUIVEZ LA ROUTE

suivez   follow

M. Lepard lit les instructions aux gars à haute voix.

— Ça fait du bon sens, dit-il.

On entre dans la jungle, et on voit des oiseaux colorés, des flamants roses; on sort sur une prairie et voilà des tigres, des lions et des pumas, qui se couchent au soleil, paresseux.

le flamant rose
   flamingo
paresseux   lazy

Les enfants sont fascinés.

— Regarde, Papa, regarde les lions. Qu'ils sont grands!

— Regarde les beaux zèbres.

— Regarde ces gros éléphants.

Le père, heureux que ses enfants s'amusent si bien, conduit lentement sa belle nouvelle voiture rouge.

conduit   drives
lentement   slowly

— Papa, arrête un moment. Voilà un éléphant. Je veux toucher, crie Jacques.

— Non, Jacques, répond le père, ne touche pas . . .

Mais c'est trop tard; la fascination des vitres électriques, l'éléphant qui s'approche, et le petit Jacques a ouvert sa vitre. Voilà déjà la trompe de l'éléphant qui entre dans la voiture et cherche de la nourriture. Soudain, effaré de la grande trompe, le petit Jacques ferme la vitre et coince la trompe. L'éléphant retire sa trompe avec force et enlève une partie de la vitre.

ouvert   opened

effaré   frightened
coince   pinches
retire   withdraws
enlève   takes off

En même temps il fait un grand bruit, et part. Un singe dans les arbres pense que c'est un jeu et saute sur le toit de la voiture en poussant des cris aigus. Tout ce bruit et cette activité attirent l'attention d'un rhinocéros, qui mange dans la prairie.

M. Lepard, surpris de ces incidents soudains, et très conscient du danger pour sa famille, décide de se débarrasser du singe qui ruine son toit, et de partir. Il accélère. Le rhinocéros, qui voit l'objet rouge s'approcher vite, décide de

le singe   monkey
un jeu   game
saute   jumps
le toit   roof
poussant   uttering
aigu   sharp

se débarrasser   get rid

l'attaquer. Il baisse la tête, il frappe la terre des pieds, il respire des nuages, et il part vite en direction de l'auto. BANG! il met une bonne bosse dans le côté gauche de l'auto.

baisse   lowers
frappe   stamps
respire   breathes
met   puts
la bosse   dent

    M. Lepard, furieux et terrifié, accélère et va vite vers la sortie où il s'arrête devant la porte d'entrée. Il entre dans le bureau comme le diable, sort avec le directeur et, furieux, lui montre sa belle auto ruinée, le toit, un côté, une portière, une vitre, tout ruiné et sa famille en panique.

    On emmène les Lepard dans le bureau du directeur.

emmène   takes

    — Entrez, tout le monde, dit le directeur. Nous allons régler ça. Mme Lepard, asseyez-vous, s'il vous plaît. Et M. Lepard, voici une chaise pour vous.

régler   straighten out

    Mais M. Lepard ne s'arrête pas de parler.

    — Et le danger pour ma famille, et c'est une nouvelle auto . . .

— Calmez-vous, s'il vous plaît, M. Lepard, dit le directeur, gêné. Vous avez raison. Je regrette . . . laissez-moi vous offrir . . .

gêné   embarrassed

Il prépare un grand whisky qu'il offre à M. Lepard.

— Je ne bois jamais. Je ne veux pas de whisky. Je veux de la compensation pour . . .

bois   drink

A ce moment, le petit Luc, fasciné par des animaux dans le bureau, court vers une grenouille en pierre qui est sur une table. Il bouscule le directeur qui renverse le whisky sur la chemise et le pantalon de M. Lepard. M. Lepard, par instinct, se lève vite et bouscule la bouteille de whisky; Barbara crie; Luc saute; Baddi, le chien, attaque le directeur; et Jacques, qui n'aime pas les serpents, laisse tomber, très nonchalamment, un serpent en ivoire sur une table.

court   runs
en pierre   stone
bouscule   bumps into
renverse   spills

laisse tomber   drops

— Ma famille est surexcitée, et c'est de votre faute. Je vais contacter mon avocat, crie M. Lepard, qui part avec sa famille.

la faute   fault
l'avocat (m)   lawyer

Ils sautent dans l'auto, et partent. La pauvre auto toute ruinée, une vitre brisée, les portières bosselées qui ne veulent plus rester fermées.

bosselé   dented

Un peu plus tard, sur la route à l'entrée de la ville, quand il essaie de nouveau de fermer la portière arrière d'une main et de conduire de l'autre main, il est évident qu'il zigzague sur la rue. Tout d'un coup on entend hurler une sirène.

essaie   tries
de nouveau   again
arrière   back
conduire   to drive
autre   other
hurler   scream
le comble
   the last straw
le permis de conduire
   driver's licence

— Oh, mon Dieu. Ça c'est le comble, s'exclame M. Lepard.

— Bonjour, monsieur, vous conduisez de façon très déconcertante. Snif. Snif. Votre permis de conduire, s'il vous plaît. Sniff. Sniff.

— Oui, ah, excusez-moi, monsieur l'agent, mais la portière ne ferme pas très bien, et c'est une nouvelle voiture . . .

— Snif. Snif. Votre permis est en ordre. C'est une nouvelle voiture, vous dites.

L'agent regarde la voiture ruinée.

— Voulez-vous bien sortir un instant.

— Mais monsieur . . . ah, c'est que . . . nous avons été attaqués par un éléphant et un rhinocéros et un . . .

avons été   have been

— Oui, oui, oui, répond l'agent, qui renifle l'air sérieusement maintenant, et c'est un éléphant rose et vous ne buvez jamais . . .

renifle   sniffs

buvez   drink

Plus tard, au poste de police, après des tests et des explications et des appels téléphoniques, la police offre ses excuses.

Depuis ce jour, M. Lepard déteste les animaux et les voitures rouges, et ne mange même plus les cuisses de grenouille.

les cuisses de
   grenouille (f)
   frogs' legs

Des Voyages Extraordinaires

par Soeur M. Gallagher, s.c.

Chaque été, Chantal Léger, Nicole Amyot et Natalie
Desrochers font un voyage pendant leurs vacances. Elles
sont toutes les trois enseignantes et tous les étés elles
passent cinq ou six semaines dans une région différente du
Canada ou dans un autre pays. Elles ont déjà fait le tour de
tout le Canada, de toutes les provinces et des territoires.
Elles sont allées aux Etats-Unis, en Europe, en Asie, en
Amérique du Sud, en Australie et en Afrique.

Alors, qu'est-ce qu'il reste? Un voyage dans l'espace?

Cette année elles ont vraiment un problème. Où vont-
elles aller? Naturellement, il y a beaucoup de régions dans
beaucoup de pays qu'elles peuvent visiter. Elles n'ont pas
tout vu. Mais elles cherchent quelque chose de différent,

l'enseignante (f) teacher

fait   done

il reste   remains

vraiment   really

vu   seen

La Statue de la Liberté

Notre-Dame de Paris

Une jonque chinoise

Machu Picchu, Pérou

L'Opéra de Sydney en Australie

Mont Kilimandjaro, Kenya

62

d'intéressant, de bizarre même. Elles sont fatiguées de faire de longs voyages en avion, en autobus et en train. Qu'est-ce qu'elles peuvent bien faire de différent?

D'habitude, quand elles organisent un voyage, elles vont à la bibliothèque chercher des livres sur des pays différents; elles consultent des guides de voyages et finalement, quand elles ont des idées plus précises, elles vont à une agence de voyages.

d'habitude   usually
la bibliothèque   library

Alors les voici, un soir de janvier, à la table de la cuisine avec leurs livres, leurs cartes et leurs atlas.

la carte   map

Chantal: Moi, je veux retourner en Asie. En Chine, à Hong-Kong, en Thaïlande et au Japon.

Nicole: Oui, j'aime bien l'Asie, moi aussi. Mais ces foules! Et tout ce bruit! Et ces longs voyages en train et en autobus. Non! Retournons en Afrique. Au Maroc ou en Tunisie. On peut y parler français. Qu'est-ce que tu en penses, Natalie?

Natalie: Moi, je préfère retourner en Europe, surtout en Suisse. Nous pouvons y faire de l'alpinisme.

surtout   especially
l'alpinisme (m)
    mountain climbing

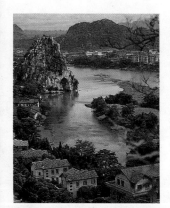

La Chine (ci-contre, haut)
Bangkok, Thaïlande (ci-contre, bas)
Hong-Kong (ci-dessus)

Chantal: Oui, du vrai alpinisme, puisque ce sont les Alpes!
Vous voyez, alpinisme . . . Alpes?

Nicole: Chantal, pourquoi est-ce que tu ne t'endors pas?   t'endors   go to sleep
Tu bâilles tout le temps et tu refuses d'être sérieuse!   bâilles   yawn

Natalie: Voilà une situation impossible! Moi, je veux aller
en Europe; toi, Nicole, en Afrique, et toi, Chantal, en
Asie. C'est impossible. Nous devons choisir.   choisir   choose

     Pendant quelques minutes, elles regardent des cartes,
des guides et des atlas en silence. La pauvre Chantal est
vraiment fatiguée et elle continue à bâiller. Soudain, Nicole
a une idée.

Nicole: Faisons le tour du monde.

Natalie: Le tour du monde en cinq ou six semaines?

Chantal: Ces heures en avion . . .

Natalie: Ces heures en train et en autobus . . .

Nicole: Mais non! Il y a d'autres moyens de transport.   le moyen   means
Imaginons tous les moyens possibles pour faire le tour
du monde.

Chantal: A bicyclette sur l'océan Atlantique, je suppose?

Nicole: Chantal, sois sérieuse!   sois   be

Chantal: Ou en traîneau à chiens dans le désert du Sahara?   le traîneau à chiens
         dog sled

Natalie: Chantal, va te coucher. Tu ne nous aides pas.

Nicole: Ecoutez, vous deux. Pensez un peu. Il y a toutes
sortes de possibilités. Ecoutez! Pierre Descelles, le prof
de géographie à l'université, a un beau voilier, pas   le voilier   sailboat
trop grand. Il veut aller à Hawaï rencontrer des amis et
il a besoin d'équipage jusqu'à Hawaï. Qu'est-ce que   l'équipage (m)   crew
vous en pensez?   jusqu'à   as far as

Natalie: J'aime bien cette idée. Regardez la carte. Partir de
Montréal, descendre le Saint-Laurent jusqu'à l'océan
Atlantique, longer la côte jusqu'au Canal de Panama,   longer   follow
ensuite c'est l'océan Pacifique jusqu'à Hawaï. Quel   la côte   coast
voyage formidable! Quelle expérience! Ces jours au   au grand air
grand air . . .   in the fresh air
                                             le mal de mer

Chantal: Et le mal de mer . . . Et après ça à pied, je   seasickness
suppose.

Nicole: Non. Nous pouvons aller à Hong-Kong en avion et
prendre l'aéroglisseur à Macao. Et je pense que nous

pouvons prendre un hydroglisseur entre Hong-Kong et Canton.

Natalie: Peut-être même que nous pouvons voyager à Changhaï en jonque et rester sur des sampans au lieu de descendre à des hôtels.

Chantal: Et après . . . oh, excusez-moi, mais je dois bâiller! Uhhhhh! Et après ça, à dos d'éléphant dans les forêts de la Birmanie et de la Thaïlande?

Nicole: Pourquoi pas?! On ne sait jamais!

Natalie: Si nous nous rendons en Afrique du Nord, nous allons pouvoir faire des safaris à dos de chameau dans le désert du Sahara.

Chantal: Où est-ce que nous pouvons trouver un tapis volant?

Nicole: Voyons, Chantal. Tu es idiote! Et s'il te plaît, cesse de bâiller! Si nous allons dans les Alpes, c'est possible de voyager en téléphérique d'une montagne à l'autre. Voilà un autre moyen de voyager.

Natalie: Et à Venise en gondole. Et aux Pays-Bas, il y a des bateaux sur les canaux. Ah! ça va être fantastique!

Nicole: Et peut-être l'Orient-Express! Quel train!

Natalie: Nicole, regarde Chantal. Elle dort.

Nicole: Dieu merci!

l'aéroglisseur (m)
　hovercraft
l'hydroglisseur (m)
　hydroplane
la jonque
　flat-bottomed Chinese
　boat
le sampan
　small Chinese boat

nous rendons　go
le chameau　camel

le tapis volant
　flying carpet

le téléphérique
　cable-car

les Pays-Bas (m)
　the Netherlands

Venise, Italie

Natalie: Est-ce que je dois la réveiller?

Nicole: Non. Laisse-la dormir. Toi et moi, continuons à chercher de nouveaux moyens de transport.

Vingt minutes plus tard, Natalie et Nicole continuent à trouver toutes sortes d'idées quand Chantal commence à se réveiller. Elle a l'air troublée et elle murmure:

— J'ai froid. J'ai terriblement froid. Je gèle.

gèle   am freezing

Natalie et Nicole se regardent.

Chantal: J'ai froid. Donne-moi mon manteau.

Nicole: Réveille-toi, Chantal. Qu'est-ce qui se passe? Qu'est-ce que tu as? Réveille-toi!

Qu'est-ce que tu as?
  What's wrong with you?
Ça fait du bien.
  That feels good.

Chantal se réveille et elle regarde Nicole et Natalie.

Chantal: Où est-ce que je suis? Ah! il fait chaud ici. Ça fait du bien. J'avais si froid. Est-ce qu'il neige?

Natalie: Oui, il neige, mais qu'est-ce que tu as? Es-tu malade? Pourquoi est-ce que tu avais si froid?

Chantal: J'ai dû rêver. Quel voyage!

ai dû rêver
  must have been dreaming

Nicole: Un voyage? Où?

Chantal: Dans le Nord. Ecoutez, je vais vous raconter mon rêve. C'est l'hiver et nous partons de Montréal à raquettes pour Sudbury. De là nous prenons un traîneau à chiens jusqu'à Churchill sur la Baie d'Hudson. Là nous trouvons un hôtel — un palais de glace et nous y restons quelques jours. Ensuite nous repartons à raquettes. Entre Churchill et le Yukon, nous voyageons à raquettes et en traîneau. Mais quand nous arrivons aux montagnes, nous mettons nos skis et nous continuons jusqu'à Haines dans l'Alaska. Là nous mettons nos patins et nous descendons le long de la côte à patins jusqu'à Prince Rupert. Et là je me réveille. Quel voyage! Et quel froid!

la raquette   snowshoe

le palais de glace
  ice palace

le patin   skate

Nicole: Peut-être que nous devons oublier tous ces moyens différents de transport!

Natalie: Je suis d'accord. Prenons l'avion pour les Iles des Caraïbes. Nous pouvons nous coucher sur la plage au soleil.

suis d'accord   agree

Chantal: Quoi? Ce n'est pas intéressant, ça! Traversons le Canada en canot et à pied avec notre équipement de camping. Il y a beaucoup de rivières à explorer. Qu'est-ce que vous en pensez? Nous pouvons prendre

traversons   let's cross

le Saint-Laurent et les Grands-Lacs jusqu'à Thunder
Bay et ensuite un peu de portage et . . .

Nicole: Toi, tu es folle! Tu dois avoir le cerveau gelé après   le cerveau   brain
ton voyage dans le Nord!   gelé   frozen

LES ACCIDENTS DE GEORGE MONTGOMERY

par Petra Kenney

— Tu connais George Montgomery?

— Oui. Elle est très gentille.

Elle? Oui, c'est ça. George Montgomery est une jeune fille. Voilà le premier accident de sa vie.

Quand sa mère était enceinte, ses parents ont décidé qu'ils voulaient un garçon.

— Nous aurons un garçon, a dit Mme Montgomery d'un ton ferme.

— Bien sûr. Nous aurons un garçon, a dit M. Montgomery. Avec un fils, nous pouvons nager ensemble; nous pouvons aller à la pêche, jouer au baseball et au hockey.

— Oui. Un garçon: grand et fort et beau comme toi. Et très, très habile comme moi, a dit Mme Montgomery avec un petit sourire aux lèvres. Et nous appellerons notre garçon George.

Mais le bébé était une fille. Quand même les Montgomery l'ont appelée George.

Quand quelqu'un est surpris d'apprendre que leur fille s'appelle George, M. et Mme Montgomery demandent toujours:

— Vous ne connaissez pas de filles nommées George?

— Mais non.

— Eh bien, vous n'avez jamais entendu parler de Georges Sand, la grande amie du compositeur Chopin?

— Ah oui, bien sûr.

— Et de George Eliot, l'écrivain anglais qui a écrit le roman ''The Mill on the Floss''?

— Ah oui.

— Eh bien, maintenant vous connaissez George Montgomery.

George est une belle petite fille, très, très petite et très mignonne. Sa personnalité est très gaie. Elle sourit toujours. Elle essaie toujours de plaire aux autres.

Comme bébé elle va bien et elle est forte. Elle commence à marcher et à parler beaucoup plus tôt que d'autres bébés.

était	was
enceinte	pregnant
voulaient	wanted
aurons	will have
la pêche	fishing
fort	strong
habile	clever
le sourire	smile
appellerons	will call
quand même	even so
ont appelé	called
entendu	heard
l'écrivain (m)	writer
a écrit	wrote
le roman	novel
mignon	sweet
sourit	smiles
essaie	tries
plaire	please
tôt	soon

— Tu vois, elle est habile comme moi, dit Mme Montgomery.

— Oui, je sais. Et n'oublie pas que je vais lui enseigner à jouer au baseball et au hockey, dit son mari.

enseigner   teach

Comme elle grandit, George est comme un garçon manqué! Elle aime tous les sports et elle joue très bien. Son père est très fier d'elle; sa mère aussi.

grandit   grows up
le garçon manqué
   tomboy
fier   proud

Quand George a sept ans, les accidents commencent. C'est l'été et elle rend visite à son oncle et à sa tante à la ferme. Un jour elle essaie de sauter par-dessus une barrière au lieu de l'ouvrir. Malheureusement elle tombe et se casse le bras.

rend visite   visits
la ferme   farm
par-dessus   over
la barrière   gate

L'hiver suivant, elle tombe en patinant et se tord la cheville.

L'été suivant, en jouant au baseball, elle se casse la jambe.

Un été, au camp, elle est dans un canot qui se renverse et elle manque de se noyer.

Quand tout le monde à l'école va bien, quand personne du tout n'est malade, George a la grippe, ou la rougeole ou les oreillons. Dans les classes des arts ménagers, elle est la seule à se brûler au poêle.

au lieu de   instead of
se casse   breaks
en patinant
   while skating
se tord   sprains
la cheville   ankle
se renverse   turns over
manque de se noyer
   almost drowns

la grippe   flu
la rougeole   measles
les oreillons (m)
   mumps

— Pauvre George. Elle a toujours de la mauvaise chance.

— Oui, c'est vrai. Mais elle ne change jamais. Toujours souriante, elle accepte tout. Elle tombe, elle se lève. Elle est malade, elle guérit et se précipite à ses prochains intérêts.

— Et à ses prochains accidents.

George a seize ans quand le prof de français annonce un voyage en France pendant les grandes vacances: une visite à Paris, aux châteaux de la Loire, aux plages de la Normandie si importantes aux Alliés dans la Deuxième Guerre mondiale et, en dernier lieu, une visite au Mont-St-Michel en Bretagne pour y visiter l'abbaye célèbre.

les arts ménagers
  family studies
se brûler
  to burn herself
le poêle   stove
guérit   gets better
se précipite   rushes

la guerre mondiale
  world war

Mont-St-Michel

La Bretagne

Le château de Chambord sur la Loire

— Oh, Maman, Papa! Imaginez! Quel voyage
fantastique! Oh, puis-je y aller? Vous savez comme je
travaille dur dans la classe de français. Vous savez que je
fais du bon travail en français. Ce voyage en France me
ferait tant de bien! Je parlerais français tout le temps!

  — Eh bien, George . . .

  — Oh, Maman, Papa, s'il vous plaît! Joan y va, et Diane
et Anne et . . .

  — Ça va, ça va, George!

  M. et Mme Montgomery se regardent. Après tout,
George n'a pas eu d'accident depuis longtemps. Ils
regardent le visage de leur fille plein d'espérance et
d'appréhension.

  — Oui, chérie, tu peux y aller.

  — Whouch! crie George et elle se jette au cou de son
père et embrasse sa mère.

  Le voyage en France est vraiment formidable. Les élèves
descendent à Paris à une pension sur la rive gauche où
habitent tous les étudiants de la Sorbonne.

  Les professeurs du groupe divisent le plan de Paris en
quartiers et chaque jour ils visitent un quartier différent.
Pendant leur séjour à Paris, ils ne voyagent jamais en auto,
ni en autobus, ni en taxi. Ils ne prennent pas le métro. Ils
marchent partout et de cette manière ils commencent à
connaître Paris très bien. Naturellement, ils visitent tous les
édifices célèbres — la cathédrale de Notre Dame, le
Louvre, le Panthéon, et ils quittent Paris pour visiter le
grand palais de Versailles.

  Après Paris, les élèves et leurs professeurs visitent les
beaux châteaux de la Loire: Chambord, Chenonceaux,
Blois. Puis ils poursuivent leur voyage vers la côte pour
visiter Arromanches et Omaha Beach, pour voir les plages

me ferait tant de bien would do me so much good
parlerais would speak

l'espérance (f) expectations

le cou neck
embrasse kisses

la pension boarding house
la rive bank

le séjour stay

partout everywhere

poursuivent carry on
la côte coast

Tapisserie de Bayeux

que les Alliés ont envahies pour libérer l'Europe en 1944. Après ça, ils se rendent à Bayeux pour regarder la célèbre tapisserie de Bayeux qui mesure 70.34 × 0.50 m. Enfin ils arrivent au Mont-St-Michel.

Pendant tout le voyage, George va bien, n'est jamais malade, n'a aucun accident.

On taquine George.

— Tu vois, George. Tu es une grande fille maintenant. Plus de maladies enfantines; plus d'accidents!

Tout de même, on surveille George attentivement. On s'assure qu'elle ne trébuche pas sur l'escalier, qu'elle ne s'égare pas.

Il pleut à verse quand le groupe arrive au Mont-St-Michel. Le ciel est gris et les nuages sont bas. De l'autobus les élèves regardent les approches du Mont-Saint-Michel: les étendues plates de sable et de boue qui mènent à l'île conique sur laquelle l'abbaye s'élève en l'air comme une couronne. Quand les marées sont hautes, l'île est entourée de la mer. Quand les marées sont basses, on peut y arriver par le chemin — mais attention aux sables mouvants!

Il pleut de plus en plus fort; mais on n'a pas le choix. On doit visiter l'abbaye. Un escalier de marches en pierre monte et monte et monte aux bâtiments historiques de l'abbaye. De chaque côté de l'escalier, il y a des maisons, des boutiques, des musées.

Et on monte!

L'eau de la pluie coule de marche en marche comme de petites chutes du Niagara. Il y a une grande foule de touristes qui essaient de monter l'escalier vers l'abbaye. Tout le monde est trempé, mais de bonne humeur.

ont envahi   invaded

ne . . . aucun   not one
taquine   tease

tout de même
  all the same
surveille   watch
trébuche   trip
s'égare   get lost
pleut à verse
  is pouring rain
le nuage   cloud
bas   low
l'étendue (f) plate
  flat stretch
le sable   sand
la boue   mud
l'île (f)   island
s'élève   rises
la couronne   crown
la marée   tide
haut   high
entouré   surrounded
le sable mouvant
  quicksand
le choix   choice
l'escalier (m)   staircase
la marche en pierre
  stone step

Arrivé devant un musée, un des professeurs suggère:

— Entrons ici pour quelques moments. Peut-être que la pluie va s'arrêter bientôt.

Dans le musée, ils trouvent beaucoup d'objets d'un intérêt historique. Tout le monde est fasciné par des instruments de torture utilisés quand l'abbaye était une prison et un dongeon.

— Oh! Que c'est cruel, dit Anne et elle passe vite à une autre chambre.

Soudain elle crie:

— Voilà un corps! Voilà un corps! Regardez! Venez vite!

Tout le monde se dépêche dans la chambre où se trouve Anne. Elle regarde par une ouverture dans le mur. En bas, il y a petite cellule en pierre. Il y a juste assez d'espace pour qu'un homme puisse se tenir debout ou se coucher en rond.

— Regardez! Il y a un corps d'homme dans la cellule!

A la lumière faible, on peut distinguer la forme d'un homme qui semble respirer.

— Mais qu'est-ce que c'est? demandent les élèves.

— C'est une oubliette, explique un professeur. Quand l'abbaye était une prison, on mettait des prisonniers dans ces oubliettes, et on les oubliait. Voilà pourquoi on l'appelle une ''oubliette''. Naturellement, sans eau, sans nourriture, les prisonniers mouraient. Le corps que vous voyez est une figure en cire.

Pendant que le groupe regarde l'oubliette, George décide d'aller aux toilettes. Elle trouve un guide qui lui explique comment y aller.

Quand elle quitte les toilettes, elle s'égare et ne peut pas retrouver la chambre où se trouve l'oubliette. Enfin elle y arrive, mais ses amis sont déjà partis.

Quand tout le groupe est parti du musée pour continuer à monter vers l'abbaye, personne n'a remarqué que George manquait. Soudain Anne demande:

— Mais où est George? George! George!

Personne ne l'a vue.

Tout le monde la cherche: élèves, professeurs, guides.

— George! George! crie-t-on.

Pas de réponse.

---

coule flows
les chutes (f) falls
trempé soaked

crie screams

l'ouverture (f) opening
la cellule cell
puisse can
se tenir debout
　　stand up
en rond curled up

respirer
　　to be breathing

mettait put

mouraient died
la cire wax

parti gone

personne ne no one
a remarqué noticed
manquait was missing

vu seen

Tout à coup Anne pense au musée. Anne, Diane et Joan y courent à toute vitesse. C'est midi. Le musée est fermé. On frappe à la porte. En vain. Elles cherchent un agent de police et enfin en trouvent un. Elles lui expliquent le problème. L'agent voit que les jeunes filles sont très bouleversées et il va chercher le gardien du musée. Ça prend du temps, mais l'agent trouve le gardien dans un petit café. Le gardien vient tout de suite et ouvre la porte d'entrée.

Immédiatement on entend la voix de George:

— Au secours! Au secours!

On entre dans la chambre de l'oubliette, on regarde par l'ouverture dans le mur, et voilà George en bas, qui se tient debout sur le corps et qui essaie sans succès de grimper les murs.

Heureusement, elle ne s'est pas faite mal — mais la pauvre George, c'est la seule qui aurait pu subir un tel accident!

tout à coup   suddenly
courent   run
à toute vitesse
   as fast as they can

bouleversé   upset

Au secours!   Help!

grimper   climb

heureusement
   fortunately
aurait pu   could have
un tel   such an

ÇA, C'EST TOUTE UNE HISTOIRE

par Soeur M. Gallagher, s.c.

Vous voulez parler français? Eh bien! Aujourd'hui je vais vous révéler un petit secret. Quel mot français est très important à savoir, à votre avis? Aimer? détester? parler? bonjour? moi? toi? merci? s'il vous plaît? être? avoir? faire? argent? Ah oui! Ces mots sont certainement importants et on les utilise souvent quand on parle français. Mais il y a un **très** petit mot, de deux lettres, qu'on doit savoir. C'est un mot magique. Qu'est-ce que c'est? C'est "ça"! Vous ne croyez pas **ça**? Eh bien: continuez à lire et **ça** va être très évident.

Observez la maman avec un petit enfant au zoo.
L'enfant indique du doigt et demande:
Qu'est-ce que c'est, **ça**?
— **Ça**, c'est une girafe.
— Et **ça**?
— **Ça**, c'est un tigre.
— Et **ça**?
— **Ça**, c'est un lion.
Vous voyez, **ça** peut être une girafe, un tigre, un lion et même tout le zoo parce que, le soir, l'enfant dit à sa soeur:
— Le zoo, **ça** c'est amusant!

Maintenant allons dans un magasin où Serge parle à une vendeuse. Serge cherche un cadeau pour son ami Luc. Il regarde les disques. Remarquez bien la conversation.
— Vous cherchez un disque? **Ça**, c'est un bon disque.
Serge regarde le disque.
— Les Rockets, c'est qui, **ça**?
— **Ça**, c'est un nouveau groupe. **Ça** se peut qu'ils soient bientôt très célèbres.
— "Rockets", qu'est-ce que **ça** veut dire?
— "Rockets", **ça**, c'est le mot anglais pour "fusées".
— Pour "fusées"?
— Oui, c'est **ça**.

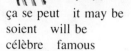

c'est toute une histoire
  it's quite a story

à votre avis
  in your opinion

utilise   use

croyez   believe

indique du doigt   points

ça se peut   it may be
soient   will be
célèbre   famous

— **Ça** alors!

— Vous voulez ce disque?

— Oui, **ça** va faire un beau cadeau pour mon ami Luc.
Ça fait combien?

— **Ça** fait $12.98. Si c'est un cadeau, voulez-vous que je
l'emballe avec du beau papier?

— **Ça** ne fait rien. Oh . . . après tout, j'y pense, **ça**,
c'est peut-être une bonne idée.

La vendeuse part et revient quelques minutes plus tard
avec un beau paquet.

— **Ça** vous va?

— Oui, **ça**, c'est très beau. Merci bien! Les articles
sportifs, c'est où **ça**? En bas?

— Oui, c'est **ça**. En bas, à côté des jouets.

— Merci et au revoir!

Serge s'en va.

Alors, qu'est-ce que vous pensez de **ça**? au zoo! au
magasin! Maintenant nous voici dans la rue. Notons la
conversation entre Denis Lapierre et Réjean Cournoyer qui
se rencontrent.

— Bonjours, Réjean!

— Salut, Denis!

— **Ça** va bien?

— Comme ci, comme **ça**.

— Ah! **Ça** ne va pas?

— Si, mais j'ai un nouveau poste à Sudbury.

— Comme **ça**, tu t'en vas là-bas avec toute la famille?

— Oui, et je t'assure que c'est tout un tracas, **ça**.

— Comment **ça**? Ta femme et les enfants ne veulent pas
y aller?

— Ma femme, **ça** ne lui fait rien. Elle aime le
changement et le nouveau. Mais les enfants ont leurs amis
et leurs activités ici et ils veulent que **ça** reste comme **ça**.
C'est très embêtant.

— Ah! Oui, c'est **ça** les enfants, n'est-ce pas?

— Oui, **ça**, c'est vrai! Eh bien, on va voir . . .

— J'espère que **ça** va bien aller là-bas. Au revoir!

— À la prochaine.

Ça alors!
  You don't say!

emballe   wrap

Ça ne fait rien.
  It doesn't matter.

le paquet   package

Ça vous va?
  Is that O.K. for you?

en bas   downstairs

à côté de   beside

le jouet   toy

Je suis comme ça.

Où ça?

le tracas   upset

Ça ne lui fait rien.
  She doesn't care.

embêtant   annoying

espère   hope

À la prochaine.
  Till we meet again.

Au zoo, au magasin, dans la rue et maintenant entrons dans la salle de classe. C'est une classe de 5e année et les élèves attendent leur enseignante, Mlle Paquette. Jules et Monique se disputent.

— Monique, tu as ma photo! Explique-moi **ça**!

— **Ça** ne te regarde pas.

— Donne-moi ma photo!

Jules prend le stylo de Monique.

— Jules, c'est à moi, **ça**.

Monique crie et elle frappe Jules sur la tête avec sa règle. Tous les enfants commencent à crier. Mlle Paquette entre.

— **Ça** suffit, les enfants! Monique et Jules, arrêtez **ça** tout de suite. Se battre comme **ça**, **ça** ne se fait pas!

Jules lance le stylo dans le dos de Monique.

— Bon! **Ça** y est! Monique et Jules, vous allez rester après l'école tous les deux. On va voir si **ça** ne va pas vous changer les idées un peu!

Et Mlle Paquette commence la classe . . .

— 5 et 7, **ça** fait combien?

Eh bien! Qu'est-ce que vous pensez de **ça** maintenant? C'est un mot important **ça**? Oui ou non?

l'enseignante (f)
  teacher

Explique-moi ça!
  Explain that to me!
Ça ne te regarde pas.
  It's none of your
  business.

crie   screams
frappe   hits

ça suffit   that's enough

lance   throws
le dos   back
Ça y est!   That's it!

"Adèle"

par Dieter Euler

Depuis que la petite Karine peut marcher, elle s'approche
des chevaux de son père, et dit:

    — Cheval … moi … cheval.

    Quand Karine a cinq ans, elle monte déjà à cheval. Les
autres enfants jouent avec des jouets, mais Karine passe
chaque minute à regarder les beaux chevaux de son père.

    Ses parents ont une ferme, une ferme où ils élèvent des
chevaux. Dire qu'ils sont riches, eh bien, M. Devraud

le cheval   horse

monte … à cheval
  is riding horses
le jouet   toy
passe spends
élèvent raise

travaille très dur, et il a la chance de gagner plusieurs
compétitions avec ses chevaux. Voilà sa profession.
Il entraîne des chevaux de qualité pour les meilleures
compétitions du monde.

gagner   win

entraîne   trains
meilleur   best

A dix ans Karine est experte en chevaux: elle en connaît
toutes les sortes; elle sait monter comme un expert; elle sait
parler aux chevaux; mais le plus important, c'est que les
chevaux semblent communiquer avec elle aussi. Elle les
comprend; ils la comprennent. Il y a un rapport magique
entre Karine et les chevaux.

connaît   knows

semblent   seem

Le père le remarque avec satisfaction. Sa fille a la
possibilité d'être bonne cavalière. Alors il a un plan spécial.
Il a une jument exceptionnelle qui est enceinte, et la
onzième anniversaire de sa fille approche.

une cavalière   rider
la jument   mare
enceinte   pregnant

Il parle à sa femme.

— Tu sais, Adèle, c'est bientôt la onzième anniversaire
de notre fille. Nous pouvons lui donner la petite jument en
cadeau d'anniversaire. Tu sais comme elle est formidable
avec les chevaux.

Sa femme est complètement d'accord. C'est le meilleur
cadeau imaginable pour Karine, qui se développe comme
cavalière d'une manière exceptionnelle et précoce.

d'accord   in agreement
meilleur   best

Un jour Mme Devraud et Karine vont en ville faire des
courses. C'est l'hiver, un de ces hivers froids et féroces, où
il y a des bancs de neige et les routes sont glacées. M.
Devraud reste à la maison et travaille dans son bureau. Le
téléphone sonne.

faire des courses
  to go shopping
glacé   icy

— Allô, M. Devraud? C'est la police. Il y a eu un
accident grave.

— Ma femme? Ma fille?

— Oui, je regrette …

— Quelle est la situation?

— Pour le moment, elles sont en vie. Mais la situation
est peut-être grave. Nous envoyons une auto vous chercher.
Les routes sont très dangereuses.

En route à l'hôpital, M. Devraud est atterré. Le jeune
agent de police lui raconte l'histoire, mais M. Devraud
comprend seulement quelques faits … routes glacées …
un camion … accident … Karine … les jambes cassées …
Mme Devraud … blessure à la tête …

atterré   shattered

le camion   truck
la blessure   wound

Arrivé à l'hôpital, M. Devraud apprend les dernières nouvelles d'un docteur.

— Asseyez-vous, s'il vous plâit, M. Devraud. J'ai de mauvaises nouvelles. Votre femme est morte et votre fille est paralysée … M. Devraud? … M. Devraud …

— Oui?

— Je peux faire quelque chose pour vous?

— Non. Rien. Qui peut m'aider?

mort   dead

Trois mois plus tard, M. Devraud se prépare à aller chercher Karine à l'hôpital. Il a vieilli de dix ans. Sa femme est morte, sa fille paralysée. Rien n'est plus important pour lui — sa ferme, ses beaux chevaux, rien!

vieilli   aged

Et la petite jument qu'il allait donner à Karine en cadeau d'anniversaire — quel désastre! Elle est laide et gauche. Le vétérinaire dit qu'elle est normale, mais elle a les hanches trop grandes, et ses pieds ne sont pas coordonnés.

allait   was going
laid   ugly
gauche   awkward
les hanches (f)
   hindquarters

Le père et sa fille essaient d'établir une nouvelle vie. Karine, dans sa chaise roulante, retourne à la même école. Naturellement elle ne peut participer à rien de physique. Elle adore toujours les chevaux et elle passe maintenant tout son temps à les étudier, à parler au vétérinaire et à l'entraîneur. Elle va aussi aux compétitions avec son père.

toujours   still

l'entraîneur (m)   trainer

Pour son douzième anniversaire, Karine demande à aller à une compétition internationale, là où est le plus grand prestige: les meilleurs chevaux, les meilleurs cavaliers et les meilleurs prix.

le prix   prize

Le père est visiblement enchanté par cet intérêt de sa fille. C'est tout ce qu'il a maintenant, une enfant unique, qui ressemble à sa femme; et elle, paralysée, tout ce qu'elle a, c'est son intérêt aux chevaux.

Karine passe beaucoup de temps avec sa petite jument. Elle l'a nommée Adèle, en l'honneur de sa mère. Karine la regarde et dit:

nommé   named

— C'est vrai. Tu es étrange, tu sais. Tu es laide. Tu n'as rien de spécial, pas de belle couleur. Tes os sont trop grands; ta démarche est gauche. Mais tu as une attitude remarquable.

l'os (m)   bone
la démarche   gait

Karine a raison. Adèle a une détermination visible, une force. Quand elle s'entraîne avec les autres, c'est toujours elle la première et elle regarde toujours Karine quand elle gagne. Elle semble sourire; elle semble dire: "C'est facile pour moi."

premier   first
sourire   to smile
dire   to say

Et Karine, qui l'observe, commence à aimer cette force et cette impudence. Après chaque entraînement, elle lui donne du sucre, un sourire, des caresses.

l'entraînement (m) training (session)

C'est ainsi qu'elle remarque un jour une petite bosse irrégulière entre les deux oreilles, sous la crinière.

la bosse   bump
la crinière   mane

Bientôt c'est la première compétition publique pour Adèle, qui a maintenant trois ans. Elle est belle maintenant. Elle entre, bien brossé, brun, la queue et la crinière longues. Elle est splendide! Karine en est fière et très passionnée. Le père sourit quand il regarde sa fille et sa jument. Oui, décidément la jument gauche et laide a changé; il y a même des chances. Il sent les premières palpitations.

la queue   tail

Adèle finit la dernière.

finit   finishes
dernier   last

Karine, son père et Adèle rentrent à la maison — déçus et tristes.

— Papa, elle était nerveuse. C'était sa première fois; un nouveau cavalier. Je sais qu'elle peut gagner. S'il te plaît, continue à la faire entraîner … s'il te plaît, pour … Maman!

L'entraînement continue, et Karine observe le progrès avec fascination. Elle note chaque muscle, chaque effort de la jument. Elle sait quand Adèle joue et quand elle travaille. Karine connaît la démarche irrégulière, mais aussi la beauté soudaine quand Adèle force ses muscles. Elle connaît chaque expression de ses yeux.

A la deuxième compétition Adèle fait mieux. On remarque cette jument mystérieuse qui a une énergie et des mouvements exceptionnels.

Quelques jours plus tard, l'entraîneur frappe à la porte à sept heures du matin.

— M. Devraud, M. Devraud, où est Adèle?

M. Devraud saute du lit.

— Pardon, qu'est-ce que tu veux dire, "Où est Adèle?"

— Adèle n'est pas dans l'écurie et la portière est ouverte. Nous nous demandons si …

M. Devraud sort de la maison tout de suite. On cherche partout. On trouve des portières ouvertes et des traces d'un camion sur la route.

La police arrive et vérifie les faits pour l'assurance.

— Vous savez, M. Devraud, le vol d'animaux exceptionnels, c'est très populaire ces jours-ci.

L'agent part: Karine et son père ne sont pas consolés par cette remarque.

On cherche; on pose des questions; on fait de la publicité, des annonces, des photos; on offre des récompenses: rien.

Ainsi Karine et son père perdent Adèle. Karine jure qu'elle ne veut plus jamais voir de chevaux de compétition. Dans sa chaise roulante, elle fait ses études, mais elle se retire de ses amis. Secrètement elle prend toutes les photos et tous les papiers d'Adèle. Secrètement elle les garde toujours dans son sac à main. Et quelquefois, quand elle est seule, elle les regarde, et elle pleure.

Un an passe. Le père note que Karine ne fait plus d'efforts pour aller aux matchs de basket-ball, aux compétitions à l'école. Elle se retire trop!

était	was
un cavalier	rider
mieux	better
frappe	knocks
saute	jumps
veux dire	mean
l'écurie (f)	stable
la portière	gate
sort	goes out
ouvert	open
le vol	theft
pose	ask
la récompense	reward
jure	swears
se retire	withdraws
toujours	always
le sac à main	purse
pleure	cries

Son quinzième anniversaire approche; M. Devraud
prépare une surprise:

— Karine, pour ton anniversaire, j'ai deux billets pour
une activité spéciale. Promets-moi que tu vas y aller avec
moi.

promets   promise

— Non, Papa, je ne veux pas, vraiment.

vraiment   really

— Mais, tu ne sais pas ce que c'est. Comment peux-tu
refuser? C'est ton anniversaire.

— Eh bien, c'est quoi — le théâtre, le cinéma?

quoi   what

— C'est une surprise, un cadeau. Mais promets-moi de
venir.

— D'ac … d'accord.

d'accord   okay

C'est vendredi. Demain l'anniversaire arrive. Il y a un
peu d'émotion aux yeux de Karine.

— Papa, où est-ce que nous allons demain? A quelle
heure? Qu'est-ce que je dois porter?

dois   should

— Ma chérie, on part le matin, et tu portes ta robe rouge
favorite. Le reste, c'est la surprise!

chérie   dear

— Oh, vraiment, Papa … dit-elle, avec un petit sourire.

le sourire   smile

Samedi, M. Devraud et Karine partent. Quand elle se
rend compte d'où ils vont, elle dit, les yeux terrifiés:

se rend compte d'
realizes

— Non, Papa. Non, Papa. Pas ici. Non, pas ici.
Pourquoi veux-tu m'emmener ici?

emmener   to bring

— Karine, il est temps que tu recommences ta vie. Et
c'est ici un bon commencement, une compétition
internationale de deux jours. Ça va être difficile, mais tu
aimes les chevaux. C'est difficile pour moi aussi, mais nous
devons nous forcer. Viens, ça va être bon pour nous. Viens,
ma fille, pour … Maman …

le commencement
beginning

devons   must

On va à la compétition et des amis viennent leur parler.

— Karine, tu es très belle.

— Karine, que c'est beau de te revoir.

revoir   see again

— Tu as le beau sourire de ta mère, Karine.

Et, peu à peu, Karine oublie ses douleurs et commence à
se concentrer sur les chevaux.

peu à peu
little by little
la douleur   sorrow

Elle mange aussi un hot-dog, boit un coca, dit bonjour à
des amis. Oui, son père a raison, ça va un peu mieux
maintenant.

boit   drinks

L'après-midi, les compétitions continuent. Karine est bien

fascinée. Son vieil amour des chevaux se réveille. Elle regarde maintenant entrer une jument; elle est toute noire, à la queue courte, à la crinière courte, les hanches très grandes; elle semble avoir une force, une confiance extraordinaires. Quand elle fait ses manoeuvres, ses yeux ont une expression presque impudente: est-ce qu'elle semble se moquer des gens? Est-ce que c'est un jeu?

court   short

impudent   mocking
se moquer de
  to make fun
un jeu   game

Karine est hypnotisée. Elle connaît ces mouvements, ces muscles, cette attitude … c'est … oui, c'est Adèle. Pas de doute. Quelquefois ces petits mouvements extraordinaires à cause de ses grands muscles et de ses os. Qu'elle est belle! Sa présentation est extraordinaire. Tout le monde est fasciné.

la présentation
  appearance

— Papa, dit Karine d'un calme extraordinaire,
Papa … regarde cette jument, est-ce que tu la reconnais?

reconnais   recognize

— Cette noire-là? Elle a des mouvements exceptionnels,
n'est-ce pas? C'est vraiment la forme d'une championne.

— Mais Papa, regarde-la bien. Tu ne trouves pas que
c'est … Adèle?

— Adèle??? Impossible. Regarde sa couleur, sa courte
queue. Impossible. Les chevaux se ressemblent quelquefois,
comme les humains. Non, c'est une coïncidence.

se ressemblent
  look alike

Karine ne dit rien; mais elle regarde avec une vive
attention. Elle est tourmentée par la majesté des
mouvements de cette jument.

vive sharp

Son père continue à parler à un ami.

Un peu plus tard, on annonce le champion.

— Mesdames, Mesdemoiselles, Messieurs. À la fin de ce
premier jour de compétition, nous avons l'honneur de vous
présenter le champion d'aujourd'hui — Noirâtre.

Noirâtre Blackie

La belle jument entre dans l'arène et se promène très
joyeusement … avec un petit sourire aux yeux?

se promène
  walks around

Karine est très agitée. Il n'y a pas de doute.

— … propriétaires: M. et Mme Goudon …

Karine veut pleurer. Son père est silencieux. Il a peut-être
eu tort d'amener Karine ici. Elle veut absolument trouver
une Adèle.

a eu tort d'
  was wrong to
amener bring

— Papa, je vois aux toilettes?

— Oui, oui, bien sûr.

Puis M. Devraud part pour parler avec des amis.

part leaves

Karine, au lieu de continuer aux toilettes, va aux écuries.
Elle veut voir Noirâtre.

au lieu de instead of

Bientôt elle la trouve. On prend sa photo; des personnes
la touchent, la regardent, mais on fait de la place pour la
jeune fille dans une chaise roulante.

la place room

Elle tremble d'émotion; elle veut la toucher. La jument la
regarde; elle dit son nom: "Adèle"; elle danse et baisse la
tête vers elle. Elle répète "Adèle" dans son oreille, et elle
semble sourire et dire: "Oui, c'est moi". Elle l'embrasse et
ses mains cherchent la bosse entre ses oreilles sous sa
courte crinière qui est maintenant teinte. La voilà! Trouvée!
Pas de doute possible. Et pour la première fois depuis des

baisse lowers

teint dyed

années les yeux de Karine s'allument et un vrai sourire de joie se fait voir.

— Gagne pour nous, dit-elle. Gagne demain!

Puis elle part dans la direction du bureau de l'administration. La fille de M. Devraud, elle peut passer sans obstacle. Dans son sac à main elle a des papiers, des photos …

— Alors, ma fille, c'est une bonne surprise aujourd'hui? demande le père en route vers la maison.

— Oui, Papa, c'est bon de voir tous les beaux chevaux, répond Karine sans émotion. C'est beau.

M. Devraud remarque l'absence d'enthousiasme. Q'est-ce qu'il peut faire pour …

— … Pouvons-nous y aller aussi demain pour voir les finales? demande Karine d'une voix timide.

— Bien sûr, ma fille, si tu le veux. Alors, c'est sûr, absolument! répond M. Devraud, maintenant heureux.

Dimanche, c'est les finales internationales.

— Voilà Noirâtre! s'exclame M. Devraud. Qu'elle est magnifique; elle a cet air superbe, artistique et extraordinaire. Quelle forme!

La compétition continue.

Enfin, on attend l'annonce du champion. Karine semble calme, indifférente.

— Mesdames, Mesdemoiselles, Messieurs, nous avons le grand honneur de vous annoncer le champion de ces finales internationales. C'est une décision unanime. Le grand champion c'est …

… Et une jument noire entre, la queue courte, la crinière courte, et de l'impudence aux yeux.

— … Noirâtre, plutôt Adèle … propriétaires: M. et Mlle Devraud, et maintenant, un petit mot d'explication …

M. Devraud est atterré; il regarde Karine. Karine tourne sa chaise vers lui, et, des larmes de joie aux yeux, elle lui dit:

— Papa, c'est Adèle. Je l'ai prouvé avec des photos, des papiers. C'est pour … Maman …

---

s'allument light up
se fait voir is seen

la voix voice
bien sûr of course

plutôt rather

la larme tear

L'Arbre de Noël de Grand-mère

par David Gallagher

"Il est né, le divin Enfant.
Jouez, hautbois; résonnez, musettes.
Il est né, le divin Enfant.
Chantons tous son avènement."

Grand-mère chante et décore l'arbre de Noël. Elle aime beaucoup le temps des fêtes, et cette année elle a besoin du bonheur spécial de Noël. Grand-père la regarde tendrement.

— Regardons l'album, dit-il soudain, et il va le chercher.

Les deux regardent en silence les photos de leurs enfants et de leurs petits-enfants et ils sourient l'un à l'autre. Tout le monde arrive ce soir pour célébrer le Réveillon et Noël.

— Mathilde, je dois aller chez le médecin maintenant pour chercher les résultats de mes derniers tests.

— Oui, je sais, Gilles. Bonne chance! Et après ta visite chez le médecin?

— J'ai encore quelques petits cadeaux à acheter. Je vais rester une heure en ville pour faire mes achats. Et toi, qu'est-ce que tu vas faire?

— Il y a beaucoup à faire. Je dois préparer la salade, mettre la table, finir de décorer l'arbre et emballer ton cadeau.

— Mon cadeau? Mais je n'ai pas besoin de cadeau. Qu'est-ce que c'est? Une autre chemise? Des chaussettes?

— C'est un secret. Tu dois attendre.

— Eh bien, je dois partir maintenant.

Il met son manteau et son chapeau et il s'en va. Grand-mère regarde partir son mari. Autrefois si robuste et fort, il est maintenant, après ces deux opérations pour le cancer, mince et fragile. Il s'en va maintenant, seul, chercher les résultats de ses derniers tests. Elle sait qu'il a peur . . . et elle a peur aussi.

— O Seigneur . . .

Grand-mère récite une prière.

Puis elle retourne au salon et ouvre la boîte avec les quatre décorations spéciales. Elle prend le petit cheval en

---

est né   is born
le hautbois   oboe
la musette   bagpipe
l'avènement (m)
   coming
le temps des fêtes
   festive season
le bonheur   happiness

sourient   smile
le Réveillon
   Christmas Eve

l'achat (m)   purchase

mettre   set
emballer   wrap
ai besoin de   need

autrefois   formerly
fort   strong
mince   thin

Seigneur   Lord

la boîte   box
le cheval en bois

bois et regarde la date, 1938. 1938 . . . elle pense à cette année, le premier Noël de leur premier fils, Paul. Elle se rappelle sa conversation avec Gilles.

wooden horse

se rappelle   remembers

— Mathilde, quelle année! Paul est né, et ça, c'est fantastique! Mais nous allons avoir un hiver cruel. A cause de la moisson terrible, nous n'avons pas d'argent.

à cause de   because of

la moisson   harvest

— Gilles, si nous sommes prudents, nous pouvons passer l'hiver assez bien. Avec quelques sacrifices, bien sûr. Mais nous avons un peu d'argent à la banque pour l'hypothèque de la ferme. Moi, je peux faire des robes pour les dames de la ville; toi, tu peux travailler pour Jean-Luc au magasin.

l'hypothèque (f)
   mortgage

— Et il a besoin de moi. Imagine, il a besoin de moi le 24 décembre. C'est le premier Noël de Paul. Je veux être avec toi et avec lui, mais je dois travailler en ville.

— C'est dommage, Gilles. Mais nous pourrons célébrer Noël quand tu rentreras.

pourrons   will be able

rentreras   come home

— Avec quoi? Nous n'avons pas d'argent pour des cadeaux.

— Eh bien, je vais faire des vêtements pour Paul, et toi, tu peux lui faire un jouet en bois. Et toi et moi, nous n'avons pas besoin de cadeaux.

le jouet   toy

La veille de Noël, après le travail, quand Mathilde ouvre la porte pour Gilles, elle entend les cantiques de l'église et elle regarde la neige qui tombe. Que c'est beau! Les deux admirent leur enfant dans le berceau et regardent le petit arbre décoré pour lui.

la veille   eve

la cantique   carol

le berceau   crib

Gilles met un petit paquet pour Mathilde sous l'arbre et elle lui donne un grand paquet. Dans son paquet, Gilles trouve une tarte aux pommes, son dessert favori. Il embrasse sa femme.

met   puts

embrasse   kisses

— Merci, ma chère Mathilde.

Elle ouvre son cadeau et voilà un petit cheval sculpté en bois avec la date 1938. Avec tendresse, elle l'attache à l'arbre de Noël.

> "Vive le vent, vive le vent,
> Vive le vent d'hiver,
> Qui s'en va, sifflant, soufflant,
> Dans les grands sapins verts."

vive   hooray for

sifflant   whistling
soufflant   blowing
le sapin   fir tree
suivant   following

Le temps passe. Les années suivantes apportent de bonnes moissons. Mathilde et Gilles ont un peu plus d'argent, mais toujours en souvenir de l'hiver 1938, ils économisent.

en souvenir de
   remembering

Pendant l'été, Gilles sculpte des jouets pour les enfants et les vend aux touristes dans le magasin de Jean-Luc. Mathilde continue à faire des robes pour les dames de la ville.

L'été 1942 Mathilde est de nouveau enceinte. Cette année, Mathilde et Gilles décident d'inviter leurs parents chez eux pour Noël. Mathilde ressent une joie spéciale parce que c'est la première fois qu'elle prépare le Réveillon pour leurs familles. Elle prépare de gros pains ronds, une dinde, un jambon, un énorme rôti de porc, des tourtières, des salades, des légumes et des tartes aux pommes at au sucre avec de la bonne crème fouettée.

enceinte   pregnant
les parents (m)
   relatives
ressent   feels

la dinde   turkey
le jambon   ham
le rôti   roast
la tourtière   meat pie
fouetté   whipped
bien garni
   filled with food
endormi   asleep

La veille de Noël, après la messe, les familles retournent à la ferme et trouvent une table bien garnie, mais il n'y a pas de Mathilde! On la trouve dans son lit, fatiguée et endormie.

Pendant la nuit Mathilde se réveille soudain avec une douleur terrible et quelques heures plus tard Jacques et Jacqueline sont nés — une surprise de Noël pour tout le monde. Gilles sculpte toute la nuit et quand Mathilde se réveille le matin, elle trouve deux petits paquets sur le lit — deux étoiles en bois, avec la date 1942.

la douleur   pain

l'étoile (f)   star

"D'où viens-tu, bergère?
D'où viens-tu?
D'où viens-tu, bergère?
D'où viens-tu?
J'ai vu un miracle
Ce soir arrivé.''

la bergère   shepherdess

vu   seen

    Mathilde regarde les trois décorations spéciales sur l'arbre et puis elle touche avec tendresse la quatrième.

    Après la guerre, en 1946, Marie-Ange est née, mais la pauvre petite était toujours malade.

    Pour le Noël de cette année-là, Gilles a sculpté un ange.

la guerre   war
était   was

a sculpté   carved

Deux mois plus tard, Marie-Ange est morte. La décoration de l'ange est encore pour Mathilde la décoration la plus spéciale. Chaque année elle la met sur une branche, en pensant tendrement à sa petite fille, et elle dit une prière pour le bonheur éternel de sa fille innocente.

est morte   died

en pensant   thinking

    Le temps passe si vite. Si vite. Voilà les enfants tous mariés et ils ont maintenant leurs enfants à eux. Et tout le monde vient rendre visite à Gilles et à Mathilde, à Grand-père et à Grand-mère. Pendant toutes ces années, à Noël, Gilles a sculpté une décoration en bois pour commémorer un événement spécial: un chien pour leur premier petit-fils, un soleil pour le mariage de Jacqueline et des cloches pour le cinquantième anniversaire de leur mariage. Mais Mathilde

rendre visite   visit

l'événement (m)   event
la cloche   bell

garde toujours ses quatre décorations spéciales pour mettre la touche finale à l'arbre: le petit cheval, les deux étoiles et surtout l'ange.

garde   keeps

Elle regarde l'arbre: plus de cinquante décorations, une pour chaque année de leur mariage, à l'exception de l'année passée. Malade du cancer, Gilles a refusé de sculpter et de célébrer Noël. Chaque jour Mathilde lui rendait visite à l'hôpital et le voyait y devenir de plus en plus faible. Il semblait vouloir la mort; il refusait de vivre et désirait la dignité de la mort. Ce Noël-là Mathilde a emballé un grand paquet et le lui a donné. Quand il l'a ouvert, il a vu une grande tarte aux pommes et les quatre décorations en bois. Gilles a commencé à pleurer et, après ça, il a retrouvé le désir de vivre.

voyait   saw
devenir   get
semblait   seemed
la mort   death
a emballé   wrapped
a donné   gave
a ouvert   opened
a vu   saw
pleurer   cry
a retrouvé   found again

Et aujourd'hui le voilà chez le médecin. Elle tremble de peur quand elle pense à cette visite, aux résultats possibles de ces tests. Elle dit une petite prière à la Sainte Vierge.

la Sainte Vierge
    the Virgin Mary
le Chrétien   Christian

"Minuit, Chrétiens, c'est l'heure solennelle
Où l'Homme-Dieu descendit jusqu'à nous
Pour effacer la tache originelle
Et de son Père arrêter le courroux."

effacer   remove
la tache   sin
le courroux   anger

Mathilde se tourne et voit son mari à la porte. Il porte un petit paquet à la main. Il le lui donne. Les larmes aux yeux, elle l'ouvre et voit, sculpté en bois, un petit bébé dans une crèche. Doucement il lui parle:

la larme   tear

la crèche   manger

— Je n'ai plus le cancer. Tout va bien.

doucement   gently

Doucement elle met le bébé Jésus sur une branche de l'arbre. Puis elle ferme les lumières du salon et les deux regardent l'arbre qui brille de toutes ses lumières et de tous leurs souvenirs tandis qu'ils attendent l'arrivée de leur famille, cette sainte nuit.

la lumière   light
brille   shines
tandis que   while
saint   holy

"Le monde entier tressaille d'espérance
En cette nuit qui lui donne un Sauveur.
Peuple, à genoux, attends ta délivrance!
Noël! Noël! Voici le Rédempteur."

tressaille d'espérance
    trembles with hope
le Sauveur   Saviour

le Rédempteur
    Redeemer

Dictionnaire

A

abbaye (f): abbey
aboyer: to bark
abricot (m): apricot
absolu: complete
d'ac: O.K.
accepté: accepted
accompagner: to accompany, to join
d'accord: O.K.
  être d'accord: to agree
accueillir: to welcome
achats (m pl.): shopping
acheter: to buy
admettre: to admit
aéroglisseur (m): hovercraft
aéroport (m): airport
âgé: aged
agence (f): agency
  agence de voyages: travel agency
agent (m): officer
  agent de police: policeman
agile: agile, nimble, active
agiter: to wave; to wag
agréable: pleasant
s'agripper: to grasp, to cling
aider: to help
aigu: sharp
aille (aller): go
aimable: likeable, nice
aimer: to like, to love
aîné: older
ainsi: in this way
air (m): air
  air climatisé: air conditioned
  au grand air: in the fresh air
  avoir l'air: to seem, to appear
ait (avoir): has
ajouter: to add
aller: to go
  aller bien: to be fine, well; to suit
  s'en aller: to go away
allez: Comment allez-vous?: How are you?
Alliés (m pl.): Allies (troops)
allô: hello
allumer: to light (up)
alors: then, therefore, so
  ça alors!: you don't say!
alpinisme (m): mountain climbing
aménagé: laid out, equipped
amener: to bring
Amérique: America
  Amérique du Nord: North America
  Amérique du Sud: South America
ami (m): (boy) friend
amie (f): (girl) friend
amusant: fun, amusing
s'amuser: to have a good time
an (m): year
  avoir . . . ans: to be . . . years old
ancien: old, ancient; former
ange (m): angel
anglais: English
animaux (animal) (m): animals
animé: lively; busy
anisette (f): after-dinner liqueur
année (f): year
  depuis des années: for years
anniversaire (m): birthday
annonce (f): announcement
annonceur (m): announcer
anxieux: anxious
appel (m): call
appeler: to call
s'appeler: one's name is
applaudir: to clap, to applaud
apporter: to bring
apprécier: to appreciate
apprendre: to learn, to inform
s'approcher: to approach, go near
appuyer: to press
après: after
  après tout: after all
arbre (m): tree
ardent: burning
arène (f): arena, stadium
argent (m): money; silver; change
argenterie (f): cutlery
argile (f): clay
arrêter: to stop
arrière: back
arrivée (f): arrival
arriver: to arrive; to happen; to succeed
arriveront (arriver): will arrive
arts: arts ménagers (m pl.): family studies
as: Qu'est-ce que tu as?: What's wrong with you?
apéritif (m): aperitif
appellerons: will name
s'asseoir: to sit down
assez: enough, quite, rather
assiette (f): plate
assurance (f): insurance
  assurance-auto: car insurance
assurant: assuring
attendre: to wait for
attentivement: carefully, closely
atterré: crushed
attirer: to draw, to attract
aucun: no, none
aujourd'hui: today; nowadays
aurait (avoir): would have
aurons: will have
aussi: too, also
autant: autant . . . que: as much . . . as
automne (m): fall, autumn
autoritaire: authoritarian
autour: around
autre: other
  l'un à l'autre: to each other
autrefois: formerly
avancé: advanced
avant: before
avec: with
avènement (m): coming
aveugle: blind
avion (m): airplane
avis (m): opinion
  à votre avis: in your opinion
avocat (m): lawyer
avoir: to have
  avoir l'air: to seem, to appear
  avoir . . . ans: to be . . .

years old
avoir besoin de: to need
avoir de la chance: to be
lucky
avoir chaud: to be warm, hot
avoir faim: to be hungry
avoir froid: to be cold
(person)
avoir honte: to be ashamed
avoir mal aux pieds: to have
sore feet
avoir peur: to be afraid
avoir raison: to be right
ayez (avoir): have

B

bagages (m): luggage
baguette (f): long French bread
baie (f): bay
bâiller: to yawn
bain (m): bath
salle (f) de bain: bathroom
baiser (m): kiss
baisser: to lower
bande (f): gang
barrière (f): gate
bas (basse): low
en bas: downstairs
Pays-Bas (m pl.): Netherlands
Bastille (f): Parisian fortress
where "political" prisoners
were held, stormed by the
revolutionary forces on July
14, 1789
bateau (m): boat
bateau à voile: sailboat
bâtiment (m): building
battre: to beat, to hit
se battre: to fight, to hit
bavarder: to chat
beau (belle): handsome,
beautiful
beaucoup: a lot, many, very
much
bébé (m): baby
belle (beau): beautiful
berceau (m): crib
bergère (f): shepherdess

besoin (m): need
avoir besoin de: to need
bête: stupid
beurre (m): butter
bibliothèque (f): library
bicyclette (f): bicycle
faire de la bicyclette: to ride
a bicycle
bien: well; eh; good; really
aller bien: to be fine, well; to
suit
bien sûr: of course
eh bien: well then
tout va bien: all is well
bientôt: soon
bienvenue (f): welcome
bière (f): beer
billet (m): note; ticket
blague (f): joke
sans blague?: no kidding?
blaguer: to joke, to kid
blanc (blanche): white
blessé (m): injured person
blesser: to hurt
blessure (f): injury
blessure à la tête (f): head
injury
boire: to drink
bois (m): woods
boit (boire): drinks
boîte (f): box; tin
bol (m): bowl
bon (bonne): good
bonne chance! (f): good luck!
bonbon (m): candy
bonheur (m): happiness
bonsoir: good evening, good-
bye
bosse (f): dent; bump
bosselé: dented
bouche (f): mouth
boue (f): mud
bouger: to move, to budge, to
wiggle
boulanger (m): baker
boule (f): ball
bouleversé: upset
bousculer: to bump
bouteille (f): bottle
boutique (f): shop

branche (f): branch
bras (m): arm
brave: good
faire les braves: to pretend to
be brave
bref: brief, briefly
Bretagne (f): Brittany, a region
in Northwestern France
brillant: shining, brilliant
briller: to shine
brisé: broken, shattered
brise (f): breeze
bronzer: to tan, to darken
brossé: brushed
brosser: to brush
se brosser: to brush
brouillard (m): fog, mist
bruit (m): noise, sound
brûlant: burning
brûler: to burn
brun: brown
bu: drunk
bulletin (m): luggage check
bureau (m): desk; office

C

ça: that, it
ça alors!: you don't say!
ça m'est égal: I don't care
ça fait . . . : it costs . . .
ça fait combien?: how much
does it cost (make)?
ça ne fait rien: that doesn't
matter
ça se peut: that may be
ça ne te regarde pas: it's
none of your business
ça suffit: that's enough
ça va: O.K.; how are you?
ça ne va pas: that's not good
ça y est: that's it, that's the
last straw
c'est ça: that's it

comme ci, comme ça: so-so
Comment ça va?: How are
you?
cadeau (m): gift
cadet (m): youngest
calendrier (m): calendar

calmement: calmly

se calmer: to calm down, cool down

camion (m): truck

campagne (f): country

canaux (canal) (m): canals

canot (m): canoe

cantique (m): carol

caoutchouc (m): rubber

  en caoutchouc: (made) of rubber

car: for, because

caresse (f): stroke

carré: square

carte (f): card; menu; map

cas (m): case

  en tout cas: in any case

cassé: broken

casse-tête (m): puzzle

casser: to break, to fracture

cause (f): cause

  à cause de: because of

causer: to chat

cavalier (m): rider; suitor; boy friend

ce: it, this, that

  ce que: that, what, which

ceinture (f): belt

cela: that

célèbre: famous

célébrer: to celebrate

celles: those

cellule (f): cell

cependant: however

cerveau (m): brain

cesse (f): cease, respite

  sans cesse: endlessly

cesser: to stop

chacun: each (one)

chaise (f): chair

  chaise roulante (f): wheelchair

chalet (m): cottage

chaleur (f): warmth, heat

chambre (f): (bed) room

chameau (m): camel

champ (m): field

chance (f): luck

  avoir de la chance: to be lucky

chandail (m): sweater

changement (m): change

changer: to change

  changer d'idée: to change one's mind

chanter: to sing

chapeau (m): hat

chaque: each

charmant: charming

chasse (f): hunting, hunt

  faire la chasse: to go hunting

château (m): castle

chaud: hot, warm

  avoir chaud: to be warm, hot (person)

  faire chaud: to be warm, hot (weather)

chaussettes (f pl.): socks

chemin (m): road

cheminée (f): fireplace; chimney

chemise (f): shirt

cher (chère): dear; expensive

chercher: to look for

  va chercher: go and get

chéri(e) (m, f): dear, darling

cheval (chevaux) (m): horse

  monter à cheval: to ride horses

cheveux (m pl.): hair

cheville (f): ankle

chez: to (at) the home of

chien (m): dog

  traîneau (m) à chiens: dog sled

chimiste (m): chemist

choisir: to choose

choix (m): choice

chose (f): thing

  pas grand-chose: not much

  quelque chose: something

chou (m): darling

chrétien (m): Christian

chute (f): fall

ciel (m): sky

cinq: five

cinquante: fifty

cinquantième: fiftieth

circulation (f): traffic

cire (f): wax

clair: clear

au clair de la lune: in the moonlight

clairement: clearly

classe: salle de classe (f): classroom

clef (f): key

climatisé: air climatisé (m): air conditioned

cloche (f): bell

coeur (m): heart

  le coeur serré: a pain in the heart

coincer: to pinch

collier (m): collar

colline (f): hill

combien: how much, how many

  ça fait combien?: how much does it cost (make)?

comble (m): height; "last straw"

commande (f): order

comme: like, how, as

  comme ci, comme ça: so-so

  comme d'habitude: as usual

commencement (m): beginning

  au commencement: in the beginning

commencer: to begin, to start

  pour commencer: to begin with, as a start

comment: how

  Comment allez-vous?: How are you?

  Comment ça va?: How are you?

  comment est . . . : what is . . . like

complet (m): suit

compliqué: complicated

comprendre: to understand

comprennent (comprendre): understand

compte (m): account

  se rendre compte: to realize

concerne: en ce qui concerne: concerning, with respect to

concours (m): contest

conduire: to take, to lead; to drive

  permis de conduire (m):

driver's licence
conduit (conduire): drives
confiture (f): jam
confondu: disconcerted; overwhelmed
conique: cone-shaped
connaissance (f): knowledge; consciousness; acquaintance
  faire la connaissance: to get to know
connaître: to know, to be familiar with
conscient: conscious, aware
conséquence (f): result
  par conséquent: therefore
contre: against; into
coopérer: to cooperate
coordonné: coordinated
copain (m): pal, buddy
corde (f): rope
corps (m): body
correspondant(e) (m, f): pen pal
costume (m): suit
côte (f): coast
côté (m): side
  à côté de: beside
cou (m): neck
se coucher: to go to bed
couler: to flow
couleur (f): colour
coup (m): blow
  tout à coup: suddenly
  tout d'un coup: suddenly
coupable: guilty
coupé: vin coupé (m): blended wine (diluted with water)
coupe (f): bowl; cut
couper: to cut
courir: to run
couronne (f): crown
couronner: to crown
courroux (m): anger
cours (m): course
course (f): shopping, errand
  faire des courses: to go shopping
court: short
court (courir): is running
couteau (m): knife

coûter: to cost
coutume (f): custom
couture (f): sewing
  haute couture: high fashion
couturier (m): dress designer
couverture (f): blanket
cravate (f): tie
crayon (m): pencil
crèche (f): manger
crème (f): cream
cri (m): shout, cry
crier: to cry out, to scream
crinière (f): mane
croire: to believe
cuir (m): leather
cuisine (f): kitchen
cuisse (f): thigh
  cuisses de grenouille: frogs' legs

D

dame (f): lady
se débarrasser (de): to get rid (of)
debout: standing
débutant (m): beginner
décevoir: to disappoint
décidément: indeed
décor (m): scenery, setting
décorer: to decorate
découragé: discouraged
découverte (f): discovery
décrire: to describe
déçu: disappointed
déjà: already
déjeuner (m): lunch
  petit déjeuner: breakfast
demain: tomorrow
demander: to ask (for)
se demander: to wonder
démarche (f): gait
demi (m): half
  à demi: half
dent (f): tooth
départ (m): leaving, departure
se dépêcher: to hurry
déprime (f): depression
depuis: since, for
  depuis des années: for years

depuis quand: for how long
dernier: last
dérouté: confused, diverted
derrière: behind
dès que: as soon as
désastre (m): disaster
descendre: to get out; to go down; to stay (hotel)
désespéré: disenchanted, despairing
désespoir (m): despair
se déshabiller: to undress
désolé: sorry
dessinateur (m): designer
dessiné: designed
dessiner: to draw
dessus: par-dessus: over
se détendre: to relax
détester: to hate
deuxième: second
devant: in front of, before
développé: pays sous-développé (m): developing country
devenir: to become
deviner: to guess
devinette (f): riddle
devoir: to have to, must
devoirs (m pl.): homework
diable (m): devil
dictionnaire (m): dictionary
Dieu (m): God
  Dieu merci!: Thank heavens!
difficile: difficult
dimanche (m): Sunday
dinde (f): turkey
dire: to tell, to say
  c'est-à-dire: that is to say
directement: directly
dis (dire): say
se disputer: to argue, to quarrel
disque (m): record
distingué: distinguished
distinguer: to make out, to perceive
distrait: absent-minded
dit (dire): says
dites (dire): say
diviser: to divide
dix: ten
doigt (m): finger

indiquer du doigt: to point (out)
dois (devoir): have to
domaine (m): field
dommage (m): pity
donc: so, therefore, then
donner: to give
dont: which, that
dormir: to sleep
dors (dormir): sleep, are sleeping
dos (m): back
doucement: quietly
doué: talented
douleur (f): pain
doute (m): doubt
doux: soft
douzième: twelfth
drapeau (m): flag
drôle: funny
drôlement: funnily, funny
dur: hard
durant: during
durer: to last
duvet (m): eiderdown; cover; sleeping bag

E

eau (f): water
écart: à l'écart: out of the way, aside
éclater: to explode
  éclater de rire: to burst out laughing
écouter: to listen (to)
s'écrier: to exclaim
écrire: to write
écrit (écrire): written; writes
écrivain (m): writer
écurie (f): stable
édifice (m): building
effacer: to remove
effaré: frightened
effrayé: frightened
égal: ça m'est égal: I don't care
s'égarer: to get lost
église (f): church
emballer: to wrap
embarrassé: embarrassed;

troubled; perplexed
embêtant: annoying
embrasser: to kiss, to hug
s'embrasser: to kiss each other
émission (f): program (T.V.)
emmener: to take (away)
emporter: to take out, to carry away
ému: excited, moved
en: in; of it; some, any
  en bas: downstairs, below
  en ce qui concerne: concerning, with respect to
enceinte: pregnant
enchanté: delighted, charmed
encore: again, more
  encore un(e): another
  encore une fois: once more, again
endormi: asleep
s'endormir: to fall asleep
endroit (m): place
énergique: energetic
enfant (m): child
  petit-enfant: grandchild
enfantin: childish
enfin: finally; well!!
enlever: to take off
ennemi (m): enemy
ennui (m): boredom; worry
enseignant(e) (m, f): teacher
enseigne (f): sign
enseigner: to teach
ensemble: together
ensuite: then, next
entasser: to pile up
entendant (entendre): hearing
entendre: to hear
  s'entendre: to get along
entendu: understood, agreed
entier: whole, in one piece
entouré de: surrounded by
entraînement (m): training (session)
entraîner: to drag away; to train
entraîneur (m): trainer, coach
entre: between
entrée (f): entrance
  prix (m) de l'entrée: admission

envahir: to invade
enverra (envoyer): will send
envoyer: to send
épais: thick
épée (f): sword
épuisé: exhausted
équipage (m): crew
équipe (f): team
erratiquement: erratically
escalier (m): staircase
espace (m): room; space
espérance (f): hope
espérer: to hope (for)
essaie (essayer): tries
essayant (essayer): trying
essayer: to try
établir: to establish
était (être): was
état (m): condition
Etats-Unis (m pl.): United States
été (être): been
été (m): summer
étendue (f): stretch
étincelant: sparkling
étiquette (f): label
étoile (f): star
étrange: strange
être: to be
  être d'accord: to agree
  être de retour: to be back
  être en vie: to be alive
  être sur le point de: to be about to
études (f pl.): studies
étudiant(e) (m, f): student
étudier: to study
événement (m): event
évidemment: obviously
excessif: excessive
excitant: exciting
exclamer: to exclaim; to make a fuss
expérience (f): experiment
explication (f): explanation
expliquer: to explain
extrait (m): extract
extraordinaire: strange; wonderful; extraordinary

F

fabriqué: manufactured
  fabriqué à la main: handmade
fâché: angry
se fâcher: to get angry
facile: easy
façon (f): manner
faible: weak
faim (f): avoir faim: to be hungry
faire: to do, to make
  faire de la bicyclette: to ride a bicycle
  faire les braves: to pretend to be brave
  faire les chambres: to make up the rooms
  faire la chasse: to go hunting
  faire chaud: to be warm, hot (weather)
  faire la connaissance: to get to know, to meet
  faire des courses: to go shopping
  faire froid: to be cold (weather)
  faire mal: to hurt
  faire noir: to get dark
  faire peur: to frighten
  faire une promenade: to go for a walk; to take a drive
  faire du soleil: to be sunny
  faire le tour de: to go all over
  faire du vent: to be windy
  rien à faire: in no way
fait (faire): makes
  ça fait . . .: it costs . . .
  ça fait combien?: how much does it cost?
  ça ne fait rien: that doesn't matter
  fait à la machine: machine-made
fameux: famous
fasciné: fascinated
fatigué: tired
faubourg (m): suburb
faut: il faut: one has to

faute (f): error, mistake; fault
femelle (f): female (animal)
femme (f): wife, woman
fenêtre (f): window
ferez (faire): will make
ferme (f): farm
ferme: hard
fermé: closed
fermer: to close
féroce: ferocious, fierce, savage
fête (f): party
fêter: to celebrate
feu (m): fire
feuille (f): leaf; sheet (of paper)
février (m): February
fier: proud
fièrement: proudly
fil (m): wire
fille (f): girl, daughter
fils (m): son
fin (f): end
  fin de semaine (f): weekend
finalement: finally
fini (finir): finished
finir: to finish
flamant (m): flamingo
fléché: marked with arrows
fleur (f): flower
flocon (m): flake
flottant: floating
flotter: to float; to hang
fois (f): time
  encore une fois: again, once more
fonte (f): melting
forçant: pushing
force (f): strength
forêt (f): forest
forme (f): shape, figure
formidable: excellent, super
fort: strong; loud; hard
  de plus en plus fort: louder and louder
fossette (f): dimple
fou (folle): crazy
fouetté: whipped
foulard (m): scarf
foule (f): crowd
fourrure (f): fur
fraîche (frais): cool, fresh

frais (fraîche): cool, fresh
frapper: to hit, to strike; to stomp; to knock
frère (m): brother
froid: cold
  avoir froid: to be cold (person)
  faire froid: to be cold (weather)
fromage (m): cheese
fumer: to smoke
fusée (f): rocket

G

gagner: to win; to earn
gai: cheerful, happy
galerie (f): veranda
garantir: to guarantee
garçon (m): boy; waiter
  garçon manqué (m): tomboy
garder: to keep; to watch
gardien (m): keeper
garni: filled, stocked
gars (m): boy, guy
gâteau sec (m): biscuit
gâter: to spoil
gauche: left; awkward
  à gauche: to the left, on the left
geler: to freeze
genou (m): knee
  à genoux: on one's knees
gens (m pl.): people
gentil: nice, kind
glace (f): ice
glacé: frozen
glisser: to slip
gondole (f): gondola
gonflé: swollen
goûter (m): snack
goutte (f): drop
graine (f): seed
grand: tall, big
  au grand air: in the fresh air
  grand magasin (m): department store
  grand-mère (f): grandmother
  grand-père (m): grandfather
  grandes vacances (f pl.):

summer holidays
grands-parents (m pl.): grandparents
pas grand-chose: not much
grandit (grandir): grows (up)
gratuitement: for free
grave: serious
grenouille (f): frog
  cuisses (f) de grenouille: frogs' legs
grimper: to climb
grippe (f): flu
gris: grey
gros: big, fat
grosse (gros): big, fat
groupe (m): band
gueule (f): (animal) mouth
guérir: to get better, to heal
guerre (f): war
  guerre mondiale (f): world war
Grèce (f): Greece

H

habile: clever
habiller: to dress
s'habiller: to get dressed
habiter: to live
habitude (f): habit
  d'habitude: usually
hache (f): axe
haie (f): hedge
haine (f): hatred
hanches (f pl.): hindquarters
haricot (m): bean
haut: high
  haute couture (f): high fashion
hautbois (m): oboe
herbe (f): grass
hésiter: to hesitate
heure (f): time, hour, o'clock
  à tout à l'heure: see you soon
heureuse (heureux): happy
heureusement: fortunately
heureux (heureuse): happy
se heurter: to collide, crash
hier: yesterday
histoire (f): story; history

c'est toute une histoire: it's quite a story
histoire à sensation (f): sensational, human-interest story
hiver (m): winter
homme (m): man
honte (f): shame
  avoir honte: to be ashamed
humain (m): human
humeur (f): mood
hurler: to scream, to whine
hydroglisseur (m): hydroplane
hypnotisé: hypnotised
hypothèque (f): mortgage
hystérique: hysterical

I

idée (f): idea
  changer d'idée: to change one's mind
île (f): island
il y a: there is, there are; ago
imiter: to imitate
immédiatement: immediately, right away
immeuble (m): apartment building
implorant (implorer): imploring
implorer: to beseech, implore
impudent: naughty, mocking
inadapté: misfit
indiquer: to indicate
  indiquer du doigt: to point (out)
infiniment: extremely
infirme: disabled, crippled
infirmière (f): nurse
installer: to settle, to install
instant (m): moment
interrompre: to interrupt
interrompt (interrompre): interrupts
invité (m): guest
irrégulier: irregular
ivoire (m): en ivoire: (made) of ivory

J

jamais: never
jambe (f): leg
jambon (m): ham
janvier (m): January
jardin (m): garden
jaune: yellow
jeter: to throw
jeu (m): game
jeudi (m): Thursday
jeune: young
joie (f): joy
joli: pretty
joliment: nicely, prettily
jonque (f): junk, Chinese boat
joue (f): cheek
jouer: to play
jouet (m): toy
joueur (m): player
jour (m): day
  de jour en jour: from day to day
journal (m): newspaper, diary
journaux (journal): newspapers
journée (f): day
joyeusement: joyfully
joyeux: joyous, happy
juillet (m): July
jumelle (jumeau) (f): twin
jument (f): mare
jupe (f): skirt
jurer: to swear
jusqu'à: right up to
juste: fair, right

K

klaxonner: to honk the car horn

L

là: there
  là-bas: over there
  là-dedans: in that
  oh là là: oh, oh!!
laboratoire (m): laboratory
lac (m): lake
laid: ugly
laine (f): wool
laisser: to let, to allow
  laisser tomber: to drop

lampe (f): lamp
   lampe de poche: flashlight
lancer: to throw
lapin (m): rabbit
laquelle: which
larme (f): tear
Laurent: Saint-Laurent (m):
   Saint Lawrence (River)
laver: to wash
se laver: to wash (oneself)
leçon (f): lesson
légume (m): vegetable
lendemain (m): the next day
   lendemain matin: the next
     morning
lentement: slowly
lettre (f): letter
lever: to raise, to lift
se lever: to get up, to rise
lèvre (f): lip
libérer: to free, release
se libérer: to free oneself
liberté (f): freedom, liberty
libre: free
lier: to tie (up)
lieu (m): place

   au lieu de: instead of
lin (m): flax

   toile (f) de lin: linen
lire: to read
lit (m): bed
lit (lire): reads
livre (m): book
loin: far
Loire (f): river in northern
   France
long: le long de: along
longer: to follow along
longtemps: a long time
lucarne (f): dormer window
lui-même: himself
luisant: shining
lumière (f): light
lune (f): moon

   au clair de la lune: in the
     moonlight
lunettes (f pl.): glasses
   lunettes colorées: sunglasses
lycée (m): high school

M

machine: fait à la machine:
   machine-made
magasin (m): store
   grand magasin: department
     store
magnifique: magnificent,
   splendid
mai (m): May
main (f): hand
   fabriqué à la main:
     handmade
   sac (m) à main: purse
   se tordre les mains: to wring
     one's hands
maintenant: now
mais: but
maison (f): house
   à la maison: at home
majesté (f): grandeur
mal: bad(ly)
   avoir mal aux pieds: to have
     sore feet
   faire mal: to hurt
   mal (m) de mer: seasickness
malade: sick, ill
   rendre malade: to make sick
maladroit: clumsy
malheureusement:
   unfortunately, unhappily
manger: to eat
   salle (f) à manger: dining
     room
manière (f): manner, way
manqué: garçon manqué (m):
   tomboy
manquer: to miss; to lack
   manquer de (+ verbe): to
     almost (+ verb)
manteau (m): coat
se maquiller: to put make-up on
marche (f): step
marcher: to walk; to mark; to
   go; to work
marée (f): tide
mari (m): husband
Maroc (m): Morocco
masse: en masse: together, in a
   heap
match (m): game

matin (m): morning
   lendemain (m) matin: the
     next morning
matinée (f): morning
mauvais: bad
mécontent: displeased
médaille (f): tag
médecin (m): doctor
meilleur: best, better
mélancolie (f): sadness
même: same, very, even; self
   en même temps: at the same
     time
   quand même: nevertheless
   tout de même: all the same,
     nevertheless
ménagers: arts ménagers (m
   pl.): family studies
mener: to take
mer (f): sea
   mal (m) de mer: seasickness
merci: thank you
   Dieu merci!: Thank God!
mère (f): mother
méritant: deserving
mériter: to deserve
messe (f): mass
met (mettre): puts (on)
métro (m): subway
mets (m): dish
   mets principal: main course
mettre: to put (on)
   mettre la table: to set the
     table
midi (m): noon
mien: mine
mieux: better
mignon: cute, sweet
mince: thin
minuit (m): midnight
miroir (m): mirror
mobile (m): mobile, a floating
   object
mode (f): style, fashion
   à la mode: fashionable, in
     style
mois (m): month
moisson (f): harvest
moitié (f): half
molle (mou): soft

monde (m): world; people
  faire le tour du monde: to go around the world
  Tiers-Monde (m): Third-World
  tout le monde: everybody
mondiale: world
  guerre mondiale (f): world war
monotone: boring
monsieur (m): man, sir, mister
Mont-St-Michel: an island fortress in the English Channel off France
montagne (f): mountain
monter: to go up; to ride; to get (into)
  monter à cheval: to ride horses
montrer: to show
montrerai (montrer): will show
se moquer: to mock, to poke fun at
morceau (m): piece
mort: dead
mot (m): word
mouchoir (m): handkerchief
moufette (f): skunk
mourir: to die
mouton (m): sheep
mouvant: moving
  sable mouvant (m): quicksand
moyen (m): means, way
mur (m): wall
musclé: muscular
musée (m): museum
musette (f): bagpipe
mutilé: disabled

N

nager: to swim
naissance (f): birth
nappe (f): tablecloth
naturellement: naturally
né: born
nécessaire: necessary
neige (f): snow
neiger: to snow
nerveux: nervous

neuf: new
  Quoi de neuf?: What's new?
ni . . . ni: neither . . . nor
noir: black
nom (m): name
nombreux: numerous
nommer: to name
nonchalamment: casually
nord (m): north
  Amérique (f) du Nord: North America
Nordiques: official hockey team of Quebec City
Normandie (f): Normandy, a region in Northwestern France
note (f): mark
nourriture (f): food
nouveau: new
  de nouveau: again
nouvel(le): new
nouvelle (f): news (item)
nouvelles (f pl.): news
noyer: to drown
nuage (m): cloud
nuit (f): night
  robe (f) de nuit: nightgown
numéro (m): number

O

obéir: to obey
objet (m): object
obscurité (f): darkness
offrir: to offer
oiseau (m): bird
ombre (f): shadow
oncle (m): uncle
opération: salle d'opération (f): operation room
ophtalmologiste (m): eye specialist
or (m): gold
orchestre (m): band
oreille (f): ear
oreillons (m pl.): mumps
os (m): bone
ôter: to take off
ou: or
où: where
oublier: to forget

oubliette (f): a "forgotten" cell
outil (m): tool
ouvert: opened
ouverture (f): opening
ouvre (ouvrir): open
ouvrir: to open

P

pain (m): bread
paire (f): pair
palais (m): palace
palpitation (f): throbbing, beating (of heart)
panier (m): basket
panique (f): en panique: in panic
pansement (m): bandage
pantalon (m): pants, slacks
pantoufle (f): slipper
papier (m): paper
paquet (m): package, parcel
par: by, through
  par conséquent: therefore
  par-dessus: over
  par ici: over here, this way
parce que: because
paresseux (euse): lazy
parfait: perfect, ideal
parler: to speak
parlerais (parler): would speak
parmi: amongst
part (f): part
  de ta part: of you
  quelque part: some place
partie (f): part; party
partir: to leave
  à partir de: from, beginning from
partout: everywhere
pas: not, no
  pas grand-chose: not much
passager (m): passenger
passé: passed, gone
passer: to spend; to pass; to go by
se passer: to happen
passionné: excited
patin (m): skate
patinant (patiner): skating
patiner: to skate

pauvre: poor
payer: to pay (for)
pays (m): country
    Pays-Bas (m pl.): Netherlands
    pays sous-developpé:
      developing country
paysage (m): countryside
peau (f): hide, skin
pêche (f): fishing
pêcher: to fish
peigner: to comb
peindre: to paint
pendant: while, during
pensant (penser): thinking
penser: to think
pension (f): room and board
pensive (pensif): thoughtful
perdre: to lose
perdu: lost, confused
père (m): father
père Noël (m): Santa Claus
permis: permis de conduire
  (m): driver's licence
personne (f): person
  ne . . . personne: no one
pèse: weighs, lies heavily
petit (m): little one
petit: small, little
  petit déjeuner (m): breakfast
  petit-enfant (m): grandchild
  petit-fils (m): grandson
peu (m): bit, little, little while
  peu à peu: little by little
peuple (m): people (world)
peur (f): fear
  avoir peur: to be afraid
  faire peur: to frighten
peut-être: perhaps, maybe
physique: physical
pièce (f): play; room
pied (m): foot
  avoir mal aux pieds: to have
    sore feet
piège (m): trap
pierre (f): stone
  en pierre: (made) of stone
pinces (f pl.): pliers
place (f): place, seat
plage (f): beach
plaire: to please

me plaira: I want
plaisir (m): pleasure
plaît: s'il te plaît: please
  s'il vous plaît: please
plancher (m): floor
plat (m): course (food)
plat: flat
plein: full
pleurer: to cry
pleut: il pleut: it is raining
plissé: gathered
plonger: to dive, to plunge
pluie (f): rain
plume (f): feather
plus: more
  de plus en plus: more and
    more
  de plus en plus fort: louder
    and louder
  ne . . . plus: no more, no
    longer
  non plus: either, neither
  plus tard: later
plusieurs: several
plutôt: rather
poche (f): pocket
  lampe de poche: flashlight
poêle (m): stove
point: être sur le point de: to
  be about to
poitrine (f): chest
pomme (f): apple
  pomme de terre (f): potato
porte (f): door
porter: to wear; to carry
porteur (m): porter
portière (f): gate, door (of a car)
portugais: Portuguese
poser: to place, to put
  poser des questions: to ask
    questions
possibilité (f): potential
poulain (m): colt
poulet (m): chicken
pour: for; in order to
  pour cause de: because of
  pour commencer: to begin
    with, as a start
  pour que: so that
pourquoi: why

pourra (pouvoir): will be able
pourrons (pouvoir): will be able
poursuivre: to continue
poussé: pushed
pousser: to propel, to shove, to
  push; to grow
pouvoir: to be able
prairie (f): meadow, prairie
pratique: practical
se précipiter: to hurry, rush
précoce: premature
préféré: favourite
premier: first
prendre: to take; to have
préparatif (m): preparation
préparer: to prepare
près: near, close
présentation (f): performance
presque: almost
prêt: ready
prier: to beg, to ask (for); to
  pray
prière (f): prayer
principal: mets principal (m):
  main course
printemps (m): spring
prise (f): taking
prisonnier (m): prisoner
prix (m): prize; price
  prix de l'entrée (f): admission
probablement: probably
prochain: next
  à la prochaine: until later
profond: profound, deep
projet (m): plan, project
promenade (f): walk
  faire une promenade: to go
    for a walk; to take a drive
se promener: to stroll
promettre: to promise
propriétaire (m): owner
prudent: careful
prune (f): plum
psychologue (m): psychologist
publicité (f): advertisement
puis: then, next
  puis-je?: may I?
puisque: since
puisse (pouvoir): can
punition (f): punishment

pur: pure

Q

quand: when
  depuis quand: for how long
  quand même: nevertheless
quartier (m): district
quatorze: fourteen
quatre: four
quatrième: fourth
que: that, which; what; how
  dès que: as soon as
  ne . . . que: only
  pour que: so that
quel: what (a)
quelque: some, any, a few
  quelque chose: something
  quelque part: some place
  quelques-uns: some
  quelqu'un: someone
quelquefois: sometimes
quenelle (f): chunk, ball, (of meat, etc.)
qu'est-ce que: what
  Qu'est-ce que tu as?: What's wrong with you?
  Qu'est-ce que vous avez?: What's the matter?
qu'est-ce qui: what
queue (f): tail
qui: who, which, that
quitter: to leave
quoi: what
  Quoi de neuf?: What's new?

R

raconter: to tell
rafraîchir: to refresh
raison (f): reason
  avoir raison: to be right
se rappeler: to remember
rapport (m): tie, relationship
raquette (f): snowshoe
se raser: to shave
rassurer: to reassure
râteau (m): rake
rayon (m): ray
rébus (m): picture puzzle
recevoir: to receive
réchauffant: warm

réchauffer: to warm, to heat up
recherche (f): research
recommander: to recommend
recommencer: to begin again
récompense (f): reward
reconnaissant: grateful
reconnaître: to recognize
recouvert: covered
reculer: to withdraw, to step back
rédempteur (m): saviour
refermer: to close again
regard (m): look
regarde: ça ne te regarde pas: it's none of your business
regarder: to look at
règle (f): rule; ruler
régler: to straighten out, to settle
regretter: to be sorry
régulièrement: regularly
reine (f): queen
réjouir: to rejoice, to perk up
se relever: to get up again
remarquer: to notice
remercier: to thank
remonter: to come back (up)
  remonter dans le temps: to go back in time
rencontrer: to meet
rendre: to give (back)
  rendre fou: to drive crazy
  rendre malade: to make sick
  rendre visite: to visit
se rendre: to go
  se rendre compte: to realize
renifler: to sniff
rentrer: to go back, to go home, to return home
rentreras (rentrer): will return
renverser: to turn over
réparer: to repair
repartir: to leave again
repas (m): meal
répéter: to repeat
répondre: to answer
réponse (f): answer
reprendre: to set in again; to recover, to take back
se résigner: to be resigned
résonner: to resound

respiration (f): breathing
respirer: to breathe
ressembler à: to look like, resemble
se ressembler: to look alike, to look like each other
ressent (ressentir): feels
rester: to stay, to remain; to be left
résultat (m): result
retard: en retard: late
se retirer: to withdraw, move out of the way
retour (m): return
  être de retour: to be back
retourner: to return, go back
se retourner: to turn around
retrouver: to find
réussir: to succeed
réussite (f): success
rêve (m): dream
se réveiller: to wake up
Réveillon (m): Christmas Eve
révéler: to reveal
revenir: to come back
  revenir à soi: to regain consciousness
rêver: to dream
revoir: to see again
  au revoir: good-bye
riant (rire): laughing
ridé: wrinkled
rien: nothing
  ça ne fait rien: that doesn't matter
  de rien: you're welcome
  rien à faire: in no way
rit (rire): laugh
rire: to laugh
  éclater de rire: to burst out laughing
  rire aux larmes: to laugh until one cries
rire (m): laugh
risque (m): risk
rive (f): shore, bank
rivière (f): river
robe (f): dress
  robe de nuit: nightgown
roche (f): rock

roman (m): novel
rond: round
rose: pink
rôti (m): roast
  rôti de boeuf (m): roast beef
rouge (m): rouge, make-up; red
rougeole (f): measles
rougir: to blush
roulante: chaise roulante (f): wheelchair
rouler: to drive; to ride
route (f): highway; road, course
  en route: on the way
rude: rough
rue (f): street
ruiner: to ruin

S

sable (m): sand
  sable mouvant: quicksand
sac (m): bag
  sac à main: purse
saint: holy
  Saint-Laurent (m): Saint Lawrence (River)
  Sainte-Vierge (f): Virgin Mary
saisir: to seize
salle (f): room
  salle à manger: dining room
  salle d'attente: waiting room
  salle de bain: bathroom
  salle de classe: classroom
  salle d'opération: operation room
  salle du tribunal: court room
salon (m): living room
salut (m): hi!
samedi (m): Saturday
sampan (m): Chinese boat
sans: without
  sans éclat (m): lifeless
santé (f): health
sapin (m): fir tree
satisfaisant: satisfying
saucisse (f): sausage
sautant: jumping
sauter: to jump
sauvage: wild
sauver: to save

se sauver: to run away
sauveur (m): saviour
savoir: to know
sculpter: to sculpture
sec: dry
  gâteau sec (m): biscuit
secondaire: école secondaire (f): high school
secours (m): help
  au secours!: help!
Seigneur (m): Lord
Seine (f): major French river flowing through Paris
seize: sixteen
séjour (m): stay, visit
semaine (f): week
  d'ici deux semaines: in two weeks
  fin (f) de semaine: weekend
semblable: similar
semblant (sembler): seeming
sembler: to seem
sens (m): sense
sens (sentir): feel
sensation: histoire à sensation (f): human-interest or sensational story
sentier (m): path
sentir: to smell; to feel
sept: seven
sera (être): will be
sérieusement: seriously
serpent (m): snake
serré: le coeur serré: with a sinking heart
serrer: to squeeze, press
servir: to serve
seul: single; alone; only
seulement: only
si: if; so; yes
siècle (m): century
sifflant (siffler): whistling
signer: to sign
silencieusement: silently
silencieux: quiet
simplement: simply
singe (m): monkey
sirène (f): siren
soeur (f): sister
soie (f): silk

soient (être): be, will be
soigneusement: carefully
soir (m): evening
  ce soir: tonight
soirée (f): (duration of the) evening; party
sois (être): be
soleil (m): sun
solennel: ceremonial
sombre: dark, gloomy
somptueux: lavish
sonner: to ring
  on sonne: the doorbell is ringing
Sorbonne (f): university in Paris
sorte (sortir): go out
sortie (f): exit, way out
sortir: to go out, to come out
sortira (sortir): will come out
soudain: sudden(ly)
soufflant (souffler): blowing
souffler: to blow
souffrir: to suffer
souhaiter: to wish
soulever: to lift up
souriant (sourire): smiling
sourire: to smile
sourire (m): smile
sous: under
  pays sous-développé (m): developing country
se souvenir: to remember
souvent: often
spéciaux (spécial): special
sportif: athletic, sports-minded
store (m): blind, shade
stupéfait: dumbstruck
stylo (m): pen
subir: to suffer, to endure
sucre (m): sugar
sud (m): south
  Amérique (f) du Sud: South America
  sud-ouest: south-west
suffit (suffire): suffices
  ça suffit: that's enough
suggérer: to suggest
Suisse (f): Switzerland
suite: tout de suite: immediately, right away;

suddenly

suivant (suivre): following

suivez (suivre): follow

suivre: to follow

  à suivre: to be continued

sur: on

  être sur le point de: to be about to

sûr: sure

  bien sûr: of course

surtout: especially

surveiller: to keep an eye on

suspendu: hung

sympathique: kind, nice

syndicat (m): union

T

table (f): mettre la table: to set the table

tache (f): stain, spot

tâche (f): burden, task

tailleur (m): tailor

tais: tais-toi!: shut-up!

tandis que: while

tant: so many, so much

tante (f): aunt

tapis (m): carpet

tapisserie (f): tapestry

taquiner: to tease

tard: late

  plus tard: later

tarte (f): pie

tasse (f): cup

taureau (m): bull

teint: dyed

tel: such

téléphérique (f): cable car

téléphonique: telephone

tempête (f): storm

temps (m): time; weather

  de temps en temps: from time to time

  en même temps: at the same time

  remonter dans le temps: to go back in time

tend (tendre): holds out

tendant (tendre): holding

tendre: to hold out, to extend, to stretch out; tender

tendrement: tenderly

tendresse (f): tenderness

tenir: to hold

tente (f): tent

  toile (f) de tente: canvas

terminer: to complete, finish

terne: dull

terre (f): earth; ground

  pomme (f) de terre: potato

terriblement: terribly

terrifié: terrified

tête (f): head

  blessure (f) à la tête: head injury

Tiers: Tiers-Monde (m): Third World

tigre (m): tiger

tissu (m): material

toi: tais-toi!: shut-up!

toile (f): cloth

  toile de lin: linen

  toile de tente: canvas

toit (m): roof

tombant: falling

tomber: to fall

  laisser tomber: to drop

ton (m): tone

tordre: to sprain

  se tordre les mains: to wring one's hands

tôt: early; soon

toucher: to touch

toujours: still; always

tour (f): tower

tour (m): turn; tour; ride, drive

  faire le tour de: to go all over

tourner: to turn

se tourner: to turn (oneself)

tourtière (f): meat pie

tous: all, every

  tous les trois: every third

tout: all, everything; quite

  après tout: after all

  c'est toute une histoire: it's quite a story

  du tout: at all

  en tout cas: in any case

  tout à coup: suddenly

  tout d'un coup: suddenly

  à tout à l'heure: see you soon

  tout de même: all the same, nevertheless

  tout de suite: immediately, right away; suddenly

  tout le monde: everyone

  tout va bien: all is well

  à toute vitesse: as fast as possible

tracas (m): bother, upset

traîneau (m): sled

  traîneau à chiens: dog sled

traiter: to treat, to handle

tranche (f): slice

tranquille: calm, quiet

travail (m): work, job

travailler: to work

travailleur (m): worker

traverser: to cross

trébucher: to trip

treize: thirteen

trempé: soaked

très: very

tressaille (tressaillir): trembles, quivers

tressé: braided

tribunal (m): court

  salle (f) du tribunal: court room

tricolore (m): tricolour

triste: sad

tristement: sadly

trois: three

  tous les trois: every third

trompe (f): trunk (of elephant)

se tromper: to make a mistake

trop: too, too much, too many

trottoir (m): sidewalk

trou (m): hole

troublé: troubled

trouver: to find

tuer: to kill

U

un: l'un à l'autre: to each other

unanime: unanimous

uniquement: only

user: to wear out

usine (f): factory

V

va: goes

ça va: O.K.; how are you?

ça ne va pas: that's not good

Comment ça va?: How are you?

elle me va: it suits me; it fits me

Qu'est-ce qui ne va pas?: What's the matter?

tout va bien: all is well

va chercher: go and get

vacances (f pl.): holidays

grandes vacances: summer holidays

valise (f): suitcase

vaniteux: vain

veille (f): eve

vendeuse (f): saleswoman

vendre: to sell

vendredi (m): Friday

venir: to come

venir de: to have just

vent (m): wind

vente (f): sale

verre (m): glass

vers: about; toward

verse: à verse: in buckets, in torrents

verser: to spill

vert: green

vestimentaire: clothing

vêtements (m pl.): clothes, clothing

veulent (vouloir): want

veut (vouloir): wants

viande (f): meat

victorieux (victorieuse): victorious

vide: empty

vie (f): life

être en vie: to be alive

vieille (vieux): old

vieillir: to age

viens (venir): come

vieux: old

vieux (m): pal

ville (f): city

hôtel (m) de ville: city, town hall

en ville: downtown

vin (m): wine

vin coupé: blended wine (diluted with water)

vingt: twenty

violon (m): violin

visage (m): face

visiblement: visibly

visite (f): rendre visite à: to visit

vite: quickly, fast

vitesse (f): speed

à toute vitesse: as fast as possible

vitre (f): window (pane)

vivacité (f): liveliness, excitement

vive: hurray (for)

vivre: to live

voici: here are, here is

me voici: here I am

voilà: there is, there are

voilà des années: for years

voile (f): sail

bateau (m) à voile: sailboat

voilier (m): sailboat

voir: to see

voisin (m): neighbour

voit (voir): sees

voiture (f): car

voix (f): voice

volaille (f): poultry

volant (voler): flying

voler: to fly; to steal

volontaire (m): volunteer

vouloir: to want

voyage (m): trip

agence (f) de voyages: travel agency

voyager: to travel

voyait (voir): saw

vrai: real, true

vraiment: really, truly

vu: seen

vue (f): view

Y

y: there

ça y est: that's it, that's the last straw

il y a: there is, there are

yeux (m pl.): eyes

Z

zèbre (m): zebra

zigzaguer: to zig zag

zut: darn

zut alors: darn it